Martin Dannecker
Das Drama der Sexualität

W0188511

EVROPA

Martin Dannecker wendet sich gegen jede Form der Beschränkung des Sexuellen durch die Gesellschaft, sei es durch Normen, durch individuelle Anpassung oder durch verharmlosende Konzepte, die dem Einzelnen einzureden suchen, seine Sexualität sei „fade wie ein Milchshake und harmlos wie ein Kaninchen". Dannecker handelt von Liebe, Begehren, Leidenschaft, Eros, Trieb: immer zugleich mit dem Blick auf die Gesellschaft und die jeweils herrschende Moral. Der Zusammenhang von Lust und Verbot wird ebenso untersucht wie die Ursachen der Homosexualität und der Umgang mit dieser. Einem von der Kirche verordneten „sittlichen Ort" der Liebe gilt seine Kritik ebenso wie der jüngsten Entdeckung der „Alten" als sexuelle Marktlücke. Geschrieben sind diese Aufsätze, bekennt Dannecker, „nicht ohne Hoffnung auf eine Umformulierung des nicht zuletzt durch die Sexualwissenschaft zurechtgestutzten Begriffs von Sexualität".

Martin Dannecker, geboren 1942, arbeitete zunächst als Industriekaufmann, dann als Schauspieler und nahm schließlich ein Studium der Philosophie, Soziologie und Psychologie in Frankfurt am Main auf. 1991 habilitierte er sich am Fachbereich Medizin der Universität Frankfurt für das Fach Sexualwissenschaft. Seit 1977 arbeitet er in der Abteilung für Sexualwissenschaft am Klinikum der Frankfurter Universität.
Bei der Europäischen Verlagsanstalt liegt außerdem vor: *Der Homosexuelle und die Homosexualität* (1986) 1992.

Martin Dannecker

Das Drama der Sexualität

Europäische Verlagsanstalt

Die Deutsche Bibliothek – CIP-Einheitsaufnahme

Dannecker, Martin:
Das Drama der Sexualität / Martin Dannecker. – Neuaufl. –
Hamburg: Europ. Verl.-Anst., 1992
  (eva-Taschenbuch; 174)
  ISBN 3-434-46099-3
NE: GT

eva-Taschenbuch Band 174

© 1992 by Europäische Verlagsanstalt, Hamburg
Erstausgabe Frankfurt 1987 (Athenäum)
Umschlaggestaltung und Motiv MetaDesign Berlin: Uli Mayer
Signet: Dorothee Wallner nach Caspar Neher „Europa" (1945)
Druck und Bindung: Clausen & Bosse, Leck
Printed in Germany 1992
ISBN 3-434-46099-3

Inhalt

Was treibt uns?

Engel des Begehrens

Rosa wird evangelisch

Vorbemerkung

Sofern unter Sexualwissenschaft das Sammeln und Auswerten von Fakten über sexuelle Verhaltensweisen und Einstellungen verstanden wird, stehen die in diesem Band zusammengefaßten Aufsätze außerhalb der Sexualwissenschaft. Geschrieben wurden sie indes von einem, der seit nunmehr zehn Jahren an einer sexualwissenschaftlichen Abteilung der Universität arbeitet. Das besagt nicht viel. Es sei denn, die Wahl dieser Tätigkeit erwiese sich bei genauerem Hinsehen als eine Entscheidung, die enger, als das vielleicht üblich ist oder zugestanden werden kann, mit der eigenen Lebensgeschichte verschränkt ist. Unter solchen Bedingungen ist der Impuls, mit der Wissenschaft mehr zu erreichen als das Wissen über Fakten zu vermehren, ausgeprägter. Wenn überhaupt, dann ist das vielleicht zu bewerkstelligen, indem man sich auf das, was ein Fach repräsentiert, einläßt und versucht, ihm die Melodie seines eigenen Gegenstandes vorzusingen. Das Bewußtsein von der Macht der gesellschaftlichen Normierung und Regulierung des Sexuellen macht auch vor den Grenzen, die die Sexualwissenschaft der Sexualität gezogen hat, nicht halt.

Die vorliegenden Aufsätze sind der Versuch, dem nachzuspüren, was viele Sexualwissenschaftler vom Sexuellen abgetrennt haben, nämlich die dunkleren, dramatischeren und mit den in der Sexualwissenschaft geläufigen Methoden inkommensurablen Seiten der Sexualität. Geschrieben sind die Aufsätze nicht ohne die Hoffnung auf eine Umformulierung des nicht zuletzt durch die Sexualwissenschaft zurechtgestutzten Begriffs von Sexualität.

Kritisch begleitet und unterstützt hat mich in der Zeit, in der die in diesem Band zusammengefaßten Aufsätze geschrieben wurden, vor allem Volkmar Sigusch. Auch meine Kolleginnen und Kollegen aus der Abteilung für Sexualwissenschaft haben mir durch viele Diskussionen geholfen. Ihnen allen, aber auch jenen, mit denen ich in den vergangenen Jahren gewissermaßen Gespräche über den Zaun geführt habe, möchte ich herzlich danken. Agnes Katzenbach hat sowohl das Manuskript des vorliegenden Bandes als auch die ursprünglichen Fassungen der Aufsätze betreut und mir mit ihrem Sprachgefühl und ihrer Geduld beigestanden. Annemarie Diefenbach und Gudrun Völker brachten die Manuskripte in ihre endgültige Form.

Frankfurt am Main, im Juni 1987

Die Ordnung des Sexuellen

Im Oktober 1982 wurde auf der 14. Wissenschaftlichen Tagung der Deutschen Gesellschaft für Sexualforschung eine ungemein interessante und, wie ich meine, bislang völlig unzulänglich aufgegriffene Diskussion über einige zentrale Fragen der Sexualwissenschaft geführt: Volkmar Sigusch hat damals gegen die von Gunter Schmidt in mehreren Arbeiten vertretene Theorie der Sexualität polemisiert und ihm ein Herunterzähmen des Sexuellen vorgeworfen.[1] Fritz Morgenthaler, dessen viel zu früher Tod im vergangenen Jahr auch in der Sexualwissenschaft eine kaum zu schließende Lücke hinterlassen hat, sprach aus der Perspektive der Psychoanalyse über das Sexuelle und die Sexualität.[2] Sowohl in der Auseinandersetzung zwischen Sigusch und Schmidt als auch in dem Beitrag von Morgenthaler ging es um die Frage, welche Stellung und Bedeutung das Sexuelle gegenwärtig noch hat bzw. welche Stellung und Bedeutung das Sexuelle haben sollte. Aus verschiedenen Blickwinkeln haben sie analysiert, was an der Sexualität des Menschen gegenwärtig noch sexuell genannt werden kann.

Ist die gegenwärtige Sexualordnung so beschaffen, daß das Sexuelle im Tumult der Sexualitäten zum Vorschein kommen oder sich gar entfalten kann? Oder ist die herrschende Sexualordnung so angelegt, daß sie das Sexuelle aus den scheinbar munteren Sexualhandlungen der Menschen ausgrenzt? Die Antworten auf diese Fragen fielen, wie nachgelesen werden kann, durchaus unterschiedlich aus. Ich möchte mich dann auch nicht mit diesen Antworten beschäftigen, sondern zuerst auf grundsätzliche Schwierigkeiten theoretischer Reflexionen über Sexualität eingehen. Diese Schwierigkeiten liegen im Methodischen: Alle wirklich tiefgehenden Reflexionen über das Sexuelle und die Sexualität sperren sich gegen die Definition der ihnen zugrundeliegenden Begriffe. Das hängt damit zusammen, daß wirklich interessante Reflexionen über Sexualität bewußt oder unbewußt von den Vorstellungen über das Sexuelle geleitet werden, die derjenige hat, der über das Schicksal der Sexualität spricht. Diese Vorstellungen haben eine enge lebensgeschichtliche Verschränkung mit dem individuellen Triebschicksal des Sprechers, das in einem Text zugleich offenbart und ver-

hüllt wird. Ein unmittelbarer Zugang zu dieser Tiefenschicht eines
Textes läßt sich nicht herstellen. In eingeschränktem Maße gilt das
auch für die in theoretischen Arbeiten auftauchenden Begriffe. Auch
sie sind durch die jeweiligen individuellen Vorstellungen vermittelt.

Begriff und Bedeutung, die der Sprecher dem Sexuellen gibt, können dann auch nicht als glatte Definitionen aus einem Text entnommen
werden. Zugang zu ihnen erhält man nur über den Weg der Rekonstruktion. Nun wird diese Rekonstruktionsarbeit aber noch dadurch
erschwert, daß nach einem Gedanken von Roland Barthes jede interessante Theorie der Sexualität immer auch eine Verteidigung der Sexualität des Sprechers und der um sie zentrierten Vorstellungen enthält. Interessante Theorien der Sexualität sind demnach in einem hohen Maße von der Subjektivität ihrer Verfasser durchdrungen. Das ist
indes nicht gleichbedeutend mit einem schrankenlosen Subjektivismus.
Keine Sexualität, und wäre sie auch scheinbar noch so ausgefallen und
abseitig, fällt gänzlich aus der sexuellen Ordnung. Auch im Abseitig-
sten ist ein allgemeines Moment und damit ein Stück Wahrheitsgehalt
über das Sexuelle enthalten.

In der Sexualwissenschaft ist trotz der erwähnten Schwierigkeiten
immer wieder versucht worden, das Sexuelle über einen definitori-
schen Leisten zu ziehen. Diese Versuche enden bestenfalls in Unbestimmtheit, wie beispielsweise bei Morgenthaler, der formulierte:
„Das Sexuelle ist die Triebhaftigkeit.“[3] In dieser Definition soll das
Sexuelle über das Triebhafte bestimmt werden. Nun ist aber das Triebhafte nicht weniger unbestimmt als das Sexuelle, weshalb es kaum dazu
taugen dürfte, diesem Kontur zu verleihen. Alle mir bekannten Definitionen des Sexuellen sind entweder tautologisch, vage oder uninteres-
sant. Und doch ist der Begriff, den sich einer, der über Sexualität
spricht, vom Sexuellen macht, von entscheidender Bedeutung für seine
Analyse und sein Urteil über die Beschaffenheit der sexuellen Wirklichkeit. Affirmation der herrschenden sexuellen Ordnung oder deren
Kritik stehen in einem viel engeren Zusammenhang mit dem individuellen Begriff des Sprechers und den aus ihnen abgeleiteten Erwartungen, aber auch mit den von dem jeweiligen Sprecher gemachten sexuellen Erfahrungen, als das unter Wissenschaftlern eingestanden werden
darf. Die Usancen des Wissenschaftsbetriebes haben auch und gerade
unter Sexualwissenschaftlern zu einer Verleugnung ihres „sexuellen

Ichs" geführt, das sich in der sexuellen Bekenntnisliteratur auf öde Weise einklagt. Offenbar muß man so weit außerhalb des organisierten Wissenschaftsbetriebes stehen wie Georges Bataille, um wie er die eigene Erfahrung in einem Text aufscheinen lassen zu können, ohne sie preiszugeben. Nahezu am Ende seiner Studie „Die Tränen des Eros" findet sich der schlichte, aber bedeutsame Hinweis: „Dieses Buch spricht nicht aus der begrenzten Erfahrung, die allen Menschen beschieden ist. Ich konnte dies nicht zweifelhaft lassen."[4]

Aber nicht nur die individuelle Geschichte richtet unseren Blick für das Sexuelle zu. Die kollektive Geschichte tut das nicht weniger. Schon der flüchtigste Blick auf sie zeigt uns eine ständige Bewegung des Sexuellen. Vordem desexualisierte Beziehungen und Äußerungsformen sexualisieren sich, und umgekehrt kommt es zu einer Desexualisierung, gleichsam zu einem sexuellen Statusverlust ehemals sexuell verstandener Beziehungen, Äußerungsformen, Lebensphasen oder eines ganzen Geschlechts. Besonders wechselvoll war in dieser Hinsicht das jeweils über die Frauen vorherrschende kulturelle Sexualitätsideal. Die Frau erscheint einmal als triebüberflutetes Gefäß der Sünde, von dem alles sexuelle Unheil ausgehen soll, und das andere Mal als begierdelose Empfängerin ehelicher Pflichten, um nur die extremsten Zuschreibungen zu nennen, von denen die Frauen geschüttelt wurden.

Am deutlichsten ist die diskontinuierliche Bewegung von Sexualisierung und Desexualisierung jedoch an der Ehe abzulesen. Zum Begriff Ehe assoziiert der Alltagsverstand eine längerfristige Beziehung zwischen Mann und Frau, die fundamental durch Liebe und Sexualität gekennzeichnet ist. Eheliche Sexualität ist nach dieser inzwischen geläufigen Auffassung nicht mehr bloße, vor allem im Dienste der Fortpflanzung stehende Notwendigkeit. Sie wird vielmehr mit Qualitäten wie leidenschaftlich, lustvoll und befriedigend assoziiert. Freilich ist eine solche Qualifizierung der Sexualität nicht gerade neu. Daß Sexualität solche Elemente enthält, wußte schon der Kirchenvater Augustinus ebenso wie die lüsterne Nonne, von der Boccaccio im Decamerone berichtet, sie habe in ihrem Leben öfter von Frauen gehört, daß alle anderen süßen Genüsse der Welt lumpig seien im Vergleich mit der Lust, die der Verkehr des Weibes mit dem Manne schenkt.[5] Historisch relativ neu ist allerdings, eine in dieser Weise erlebte und verstandene Sexualität mit ehelicher Sexualität in Verbindung zu bringen.

Mit den zweierlei Sexualitäten, also derjenigen außerhalb der Ehe und derjenigen innerhalb der Ehe, beschäftigte sich bereits Montaigne.[6] Er zieht eine scharfe Trennungslinie zwischen einer leidenschaftlichen sexuellen Beziehung und einer ehelichen Verbindung. Die Ehe, von der er mit großer Hochachtung sprach, war für ihn eine notwendige gesellschaftliche Einrichtung, die ihr Fundament in allem Möglichen, nur eben nicht in sexueller Anziehung oder der Befriedigung leidenschaftlicher sexueller Bedürfnisse habe. Er war der Auffassung – und machte das an den damals gängigen Motiven der Eheschließung fest –, die Geschlechter gingen in der Ehe eine Beziehung ein, die von derjenigen einer leidenschaftlichen sexuellen Beziehung ihrem Wesen nach verschieden sei. Er hielt die Ehe vor allem im Zusammenhang mit der Nachkommenschaft, also der Familie, für wichtig und begriff sie durchaus als Instrument der sozialen Ordnung. Montaigne war jedoch keineswegs der Meinung, daß man diese soziale Ordnung auf die „andere Sexualität" ausdehnen könne und solle. Lieben und Sich Binden seien zwei grundverschiedene Dinge, die sich gegenseitig ausschlössen. Eine gute Ehe sei nur eine, in der der Liebesleidenschaft kein Platz eingeräumt wird.

Zumindest bestimmte Schichten der Gesellschaft haben jahrhundertelang in dieser Weise gelebt und es vermocht, Ehe und leidenschaftliche Sexualität voneinander zu trennen und beide mit nahezu gleicher Berechtigung nebeneinander bestehen zu lassen. Zwar wurde die leidenschaftliche Liebesbeziehung zu Geliebten oder Mätressen als illegitim angesehen, weil sie selbstverständlich an der Ehe gemessen wurde. Das war jedoch keineswegs gleichbedeutend mit einer Mißachtung dieser Beziehungen, die deshalb auch von keinerlei Geheimnis umgeben waren. Vielmehr wurde der illegitime Charakter solcher Beziehungen von deren literarischen Verfechtern geradezu betont. Zum Ausdruck gebracht werden sollte damit, niemand, auch nicht die Gesellschaft, habe sich in diese besondere Beziehung, in der die leidenschaftliche Sexualität sich entfaltet, einzumischen.[7]

Es gab demnach gleichsam zwei nebeneinanderherlaufende Codes für Liebe und Sexualität. Für die Ehen sollten Vernunftgründe, d. h. objektive Voraussetzungen ausschlaggebend sein. Subjektives, d. h. Gefühle einer bestimmten Art bzw. Intensität, waren den außerehelichen Beziehungen vorbehalten. Das schloß zwar keineswegs aus, daß sich auch im Verlaufe der Ehe starke Gefühle füreinander entwickelten. Aber solche Gefühle waren Folge der ehelichen Verbindung und nicht etwa ihr Motiv. Ganz anders dagegen die leidenschaftliche Liebe; sie hat ihren Anfang im Gefühl, das plötzlich und unerwartet auf die Individuen herabkommt. Die leidenschaftliche Liebe hat einen anderen Anfang und damit einen anderen Grund. Vor allem hat sie ein anderes Ende, ein Ende, das durch ihren Anfang vorgezeichnet ist. Das leidenschaftliche Gefühl verschwindet so plötzlich wie es begann, zumindest ist diese Gefahr immer gegeben. Während die eheliche Liebe, die sich aus der Dauer entwickelt, erst mit dem Tod enden soll, wird der Tod der leidenschaftlichen Liebe vom Lebendigen, man könnte auch sagen vom schwer zu beherrschenden Triebleben bewirkt. Genau genommen ist die leidenschaftliche Liebe gar kein Gefühl, sondern ein Zustand, der nicht dauern kann und soll, der keine Veränderung duldet und keine Entwicklung zuläßt.

In etwa dieser Weise waren bis ins 18. Jahrhundert hinein die beiden Lieben und damit auch die beiden Sexualitäten geschieden. Im Verlaufe des 18. Jahrhunderts begannen sich die starren Gegensätze zwischen außerehelicher Sexualität bzw. Liebe und ehelicher Sexualität bzw. Liebe aufzulösen, so daß beide immer mehr zu einer Einheit verschmolzen. Der französische Historiker Philippe Ariès charakterisiert diese neuerreichte Einheit in seiner Arbeit „Liebe in der Ehe" folgendermaßen: „Im Westen entstand nach und nach ein Eheideal, das es den Gatten zur Pflicht macht, einander wie Verliebte zu lieben oder wenigstens so zu tun. Die außereheliche Erotik hat Eingang in die Ehe gefunden und die traditionelle Zurückhaltung zugunsten der Leidenschaft und auf Kosten der Dauer verdrängt."[8] Freilich war das über lange Zeit nur Eheideal, nicht Wirklichkeit der Ehe, und so widerspruchsfrei, wie das bei Ariès klingt, ist die außereheliche Erotik auch nicht in die Ehe integriert worden. Aber die Tendenz zur Subjektivierung der Ehe und zur Emotionalisierung ihres Charakters – und damit einhergehend zur Zurückdrängung objektiver Ausgangspunkte – ist doch unübersehbar.

Mit der Tendenz zur Subjektivierung der Ehe hatte sich auch Hegel auseinandergesetzt und ihr eine klare Absage erteilt. In seiner Rechtsphilosophie verwirft er die Vorstellung, „welche die Ehe nur in die Liebe setzt, denn die Liebe, welche Empfindung ist, läßt die Zufälligkeit in jeder Rücksicht zu, eine Gestalt, welche das Sittliche nicht haben darf. Die Ehe ist daher näher zu bestimmen, daß sie die rechtlich sittliche Liebe ist, wodurch das Vergängliche, Launenhafte und bloß Subjektive aus ihr verschwindet"[9]. Hegel betont noch einmal die Vorstellung, daß in den zur Vereinigung in Liebe bestimmten Personen, seien es nun Eltern und Kinder oder Gatten, Liebe und Zuneigung heranwächst. Freilich hat Hegel nicht verkannt, wie sehr Leidenschaft, von der die Ehe zwar nicht gestört werden sollte, aber doch gestört wurde, sich in die Binnenbezirke der Ehe drängte und damit ein auflösendes Moment in sie hineintrug. „Aber", so schreibt er, „die Gesetzgebungen müssen die Möglichkeit aufs höchste erschweren und das Recht der Sittlichkeit gegen das Belieben aufrechterhalten."[10]

Nun, das Gesetz konnte nicht aufhalten, daß Gefühl, Leidenschaft und Sexualität zum Ausgangspunkt und Mittelpunkt der Ehe wurden und objektive Momente immer stärker zurückdrängten. Das führte scheinbar zu einer völligen Angleichung der ehelichen Liebe an die außereheliche bzw. zur völligen Auflösung der vormaligen Unterschiede. Aber erwartete der Bürger des 19. Jahrhunderts, erwartet der Zeitgenosse von der ehelichen Liebe tatsächlich nur das, was vordem außerhalb ihrer Grenzen angesiedelt war? „Heute", so sagt Ariès, „gibt es nur noch *eine* Liebe, die leidenschaftliche und stark erotisierte Liebe, und die alten Merkmale der ehelichen Liebe … sind verschwunden oder gelten als hinderliche Reste, die den endgültigen Sieg der Liebe – der einen und einzigen Liebe, der einen und einzigen Sexualität – hinauszögern."[11]

Mir scheint, daß damit eine Identität zwischen der heutigen ehelichen Liebe bzw. Sexualität und der vormaligen außerehelichen Sexualität und Liebe behauptet wird, die sich so nie durchgesetzt hat. Zwar erwartet der Zeitgenosse von der Ehe die Anwesenheit all dessen, was bis ins 18. Jahrhundert hinein nur außerhalb zu erhalten war. Aber erwartet er nur diese Momente? Erwartet er nicht vielmehr als zusätzliches Moment ein spezifisches Merkmal der alten Ehe, nämlich die Dauer?

Der Widerspruch, von dem die eheliche Liebe – und selbstverständlich alle der Ehe nachgebildeten Lieben – bis heute durchdrungen ist, liegt darin, daß sie sowohl so leidenschaftlich wie die vormalige außereheliche Liebe als auch so dauerhaft wie die ehemals desexualisierte eheliche Verbindung sein soll. In der ehelichen Liebe der bürgerlichen Gesellschaft konkurrieren zwei sich widersprechende Erwartungen: die nach leidenschaftlicher Sexualität und die nach dauernder Liebe. Zur Ehe unserer Tage assoziiert der Alltagsverstand eben nicht nur Lust und Leidenschaft, sondern überdies Dauer. Um die Leidenschaft auf Dauer zu ziehen, wird die Sexualität vor der Eheschließung überprüft wie einstmals die Vermögensverhältnisse. So wie in der feudalen Gesellschaft lange Palaver über die Vermögen des designierten Paares geführt und Ehen nicht geschlossen wurden, bevor man sich nicht der ökonomischen Potenz der Partner versichert hatte, so überprüfen unter der Bedingung der Sexualisierung der Ehe die Partner vor der Eheschließung ihr sexuelles Vermögen. Es ist unzweckmäßig, als Jungfrau in die Ehe zu gehen oder eine solche zur Gattin zu nehmen, wenn die Ehe ein Hort der sexuellen Erfüllung sein soll.

Die Ehe ist von der Erwartungstrias Liebe, Sexualität und Dauer durchzogen. Zwar ist es tendenziell richtig, wenn Ariès, den alten Topos der Flüchtigkeit der Leidenschaft aufnehmend, sagt: „Die leidenschaftliche Liebe kennt keine Dauer; die eheliche Liebe, die man ihr angeglichen hat, ist auch nicht mehr von Dauer."[12] Genauer muß man jedoch sagen, daß die Besonderheit der ehelichen Liebe nicht geschwunden ist. Der Widerspruch zwischen dem Wunsch nach Leidenschaft und dem Wunsch nach Dauer der Liebe, von Freud als Auseinanderfallen sinnlicher und zärtlicher Strebungen, als allgemeinste Erniedrigung des Liebeslebens bezeichnet, beherrscht das Liebes- und Sexualleben auch des heutigen Menschen.

Die Tragik liegt also nicht mehr darin, daß die sexuelle Lust aus der Ehe ausgegrenzt ist; sie liegt vielmehr darin, daß Paare über sexuelle Fähigkeiten verfügen müssen, Fähigkeiten, die gleichsam einen objektiven Charakter angenommen haben, weil diese über Anfang und Ende der Liebe entscheiden.

Schmidt und Sigusch zufolge sind die gegenwärtigen Jugendlichen dadurch charakterisiert, daß sie Liebe als eine Zwangsbedingung für Sexualität fordern.[13] Das dürfte jedoch auch umgekehrt gelten, wodurch Sexualität zu einer Zwangsbedingung für Liebe wird. Die Sexualität wird zum Grund für die Liebe und das gleich in doppelter Weise. Zu Anfang über die sexuelle Begegnung, die Liebe erzeugt oder doch erzeugen kann. Später, wenn, wodurch auch immer, die sexuelle Anziehung nachläßt, als Gefährdung der Liebe. Und in der Tat: Paare, welche um eine Therapie sexueller Funktionsstörungen nachsuchen, kommen nicht nur in der Hoffnung auf eine Wiederentfachung ihres unterbrochenen Stroms des Begehrens, also gleichsam aus immanenten sexuellen Motiven. Sie kommen nicht selten der Liebe wegen, deren Ende vor allem der Symptomträger befürchtet, falls er seine sexuelle Leistungsfähigkeit nicht zurückerlangt.

Aus dem Anspruch auf sexuelle Erfüllung innerhalb einer Beziehung folgt das Recht, diese anderswo zu suchen, wenn sie in der gegenwärtigen nicht mehr zu haben ist. Wo nur noch eine Liebe gilt, nämlich die leidenschaftlich-sexuelle, wird jede externe Affäre zu einer Gefährdung für die bestehende Beziehung. Ehen werden geschieden und Beziehungen getrennt, weil die Menschen sich nicht mehr so leidenschaftlich begehren wie vorher, obwohl sie sich noch lieben. Weil man aber nur dort lieben darf, wo man leidenschaftlich begehrt, ergeht der Befehl zur Trennung, wo das nicht mehr möglich scheint. Scheidung und Trennung markieren das Ende des leidenschaftlichen Gefühls, das galt, als man sich traf, nicht aber unbedingt das Ende der Liebe. Scheidung und Trennung besagen heute oft nicht mehr, als daß zumindest für den einen nicht mehr gilt, was gerade noch gegolten hat. Nicht einmal ist aus ihnen abzuleiten, daß überhaupt nicht mehr geliebt oder überhaupt nicht mehr begehrt würde. Oft genug reicht zur Trennung schon aus, wenn nicht mehr so begehrt werden kann wie vorher. Als wahres Gefühl gilt nur das große, das intensive, das, ich will es noch einmal betonen, in Wahrheit kein Gefühl, sondern ein affektiver Zustand ist, aus dem keine Dauer folgen kann.

Während das alles dafür spricht, daß die eheliche Liebe in ein hochverdichtetes Verhältnis mit leidenschaftlich-sexuellem Erleben gebracht wurde und insofern als eine Bestätigung der These von der Auflösung der Spezifika ehelicher Sexualität bezeichnet werden kann, ist jedoch eine gegenläufige Tendenz nicht zu übersehen, die als eine Dissoziation der scheinbar erreichten Einheit von Leidenschaft, Liebe und Sexualität zu bestimmen wäre oder, um noch einen Schritt weiterzugehen, als Persistenz der traditionellen Zweiteilung zwischen leidenschaftlicher Liebe und Sexualität und ehelicher Liebe und Sexualität interpretiert werden kann.

Ich meine, es gibt Hinweise darauf, daß zunehmend mehr Menschen ihre Liebesbeziehungen wieder auf Dauer stellen wollen, wie Giese gesagt hätte, eine Tendenz, in der sich desexualisierte Vorstellungen von Liebe wiederbeleben. Diese Menschen erwarten von der Ehe nicht die Bestätigung eines leidenschaftlichen Gefühls; richtiger gesagt, sie erwarten von der Ehe und den ihr nachgebildeten Beziehungen die Bestätigung dieses leidenschaftlichen Gefühls nicht mehr auf Dauer.

Was ich damit meine, drückt sich recht gut in der Verbindung zwischen Sartre und de Beauvoir aus, eine Verbindung, über die wir dank der unendlichen autobiographischen Reflexionen de Beauvoirs und neuerdings auch durch die Veröffentlichung der Briefe Sartres an sie und seine Freundinnen nicht uninformiert sind. Am Anfang dieser Verbindung stand gewiß eine gegenseitige leidenschaftliche Liebe, die sich im Laufe der Zeit transformierte, wenn auch möglicherweise bei beiden in unterschiedlicher Weise. Deutlich wird an dieser Gefährtenschaft, daß die über die leidenschaftliche Beziehung entwickelte Gemeinsamkeit zu einem relativ unabhängigen und selbständigen Wert werden kann. Dieser wird als bedeutend genug angesehen, um aus einer neuen leidenschaftlichen Begegnung nicht einen Anlaß zum Bruch der alten Beziehung machen zu müssen. Abzuleiten wäre daraus die These: Die auf Sexualität gründende leidenschaftliche Liebe mag zwar nicht dauern, aber sie kann doch die Bedingung der Möglichkeit für eine dauernde Beziehung liefern, eine Beziehung, die gemessen an ihren Anfängen indes vergleichsweise desexualisiert ist.

Wenn mich meine Beobachtung nicht täuscht und tatsächlich eine solche Tendenz zur Dissoziation der beiden Sexualitäten existiert, müßten die Menschen Abschied nehmen von einem Ideal, das ihnen als möglich dargestellt wurde. So hat beispielsweise Reimut Reiche in seinem Buch „Sexualität und Klassenkampf" die einheitliche Liebe gleichsam zu einem monolithischen Block verschmolzen, wenn er schreibt: „Die dauernde Liebe ist gleichermaßen dagegen gefeit, daß das Ältere abstumpft und das Neue geil ist."[14] Das ist zwar eine schöne Vorstellung, allein ich glaube, sie war nie Wirklichkeit. Ein solches Lieben jedenfalls sehe ich nirgendwo. Wohl aber eines, das zunehmend am Älteren festhält im völligen Bewußtsein und nicht selten mit der Erfahrung, daß das Neue mehr Leidenschaft bietet. Doch das leidenschaftliche Neue wird durch jene Form der Liebe relativiert, welche, wenn auch nicht mit Notwendigkeit, nur die Dauer erzeugt.

17

Der gesellschaftliche Befehl, ebenso wie der Impuls der Menschen, verlangt nach Abwechslung. Dem können sie sich zwar nicht völlig entziehen, aber sie müssen ihm auch nicht völlig erliegen. Sollte den Menschen in dieser Umstrukturierung tatsächlich die Fähigkeit zuwachsen, zwischen ihren leidenschaftlichen Wünschen und ihrem Bedürfnis nach dauernden Liebesbeziehungen differenzieren zu können, würden Liebe und Lust sich nicht mehr gegenseitig schmälern, wie das in der bürgerlichen Ehe der Fall gewesen ist. Durchsetzen würde sich damit auch eine neue Ordnung des Sexuellen. Denn das Sexuelle wurde durch seine Integration in die Ehe bzw. seine Subsumtion unter die dauernde Liebe einem Diktat unterworfen. Das Ungerichtete, Bewegliche, kurzum das Triebhafte, wurde dadurch, daß es dem Zwang zur dauernden Liebe unterstellt wurde, zu einer einklagbaren Sache, also verdinglicht und damit um seine Lebendigkeit gebracht.

Leidenschaft hat keinen sittlichen Ort

Die Ethik hat sich, von wenigen Ausnahmen abgesehen, allemal schwergetan mit der Sinnlichkeit der Menschen. Nirgendwo wird indes die uralte Furcht vor der Sinnlichkeit der Menschen so offenbar wie in jener Spezialbranche der Moral, die sich Sexualethik nennt. Wenn es wahr ist, daß die Angst vor den Menschen und ihren Trieben das verborgene Motiv aller konservativen Moral und Anthropologie und zugleich ihr entscheidendes Charakteristikum ist, dann sind die Hauptströmungen der Sexualmoral ausnahmslos konservativ zu nennen. Gedanken, die sich über den sozialen Zwang hinaus bewegen und in denen die Menschheit in einem besseren Zustand aufscheint, fehlen entweder oder bleiben blaß und blutleer. Auf sicherem Terrain bewegt sich die Sexualethik dagegen, wo sie die bisherige Unterdrückung der menschlichen Triebe nicht nur als historisch notwendig, sondern über den historischen Befund hinaus für erforderlich und damit für vernünftig erklärt.

In jenen sexualethischen Schriften, die positiv genannt werden müssen, weil sie der Sexualität die Richtung weisen, ist der Gang der Gedanken von einem Begriff von Sexualität bestimmt, der diese weitaus stärker in die Sphäre des Pathologischen abdrängt als in Zonen ansiedelt, in denen Lust, Glück und humane Fähigkeiten zu denken wären. Hinter diesem pathologischen Begriff von Sexualität, der freilich nicht entfaltet wird, sondern unreflektiertes Selbstverständnis ist, verbirgt sich die alte, um eine metaphysische Schuld kreisende Vorstellung von Sexualität.

Bringt man die offenbar nicht zu beruhigende archaische Furcht vor Sexualität mit den Entdeckungen der Psychoanalyse zusammen, dann drängt sich die Vermutung auf, daß sie durch deren Erkenntnisse neue Nahrung erhalten hat. Ihr muß die von Freud behauptete enge Verwandtschaft der sogenannten pathologischen Sexualität mit der sogenannt normalen wie eine Bestätigung ihrer schlimmsten Alpträume vorgekommen sein. Insbesondere die Behauptung der Psychoanalyse, daß sowohl die „normale" als auch die „pathologische" Sexualität einer Quelle entspringen und nicht etwa zwei völlig voneinander verschiedenen, gegensätzlichen Bereichen entstammen, muß das alte Grauen vor der Sexualität gestärkt haben.

Zwei Hauptrichtungen lassen sich in der Sexualmoral unterscheiden. Da wären zuerst einmal jene Versuche zu nennen, die nicht müde werden, Dämme gegen die Leidenschaft wiederzuerrichten, die bereits eingerissen waren. In diesen Umkreis gehört alle explizit christlich orientierte Sexualethik. Und das letzte große Dokument der katholischen Kirche zur Sexualität, die „Erklärung zu einigen Fragen der Sexualethik", hat die Intentionen einer derartig orientierten Sexualmoral noch einmal in Vollendung gezeigt.

Ihr Blick reicht weit zurück in die Geschichte. Allerdings geht die Erinnerung an eine andere Organisationsform menschlicher Sexualität nur zurück und bleibt, fasziniert von der höheren Ordnung, die dem Vormaligen zugeschrieben wird, bei diesem haften. Kein Blick mehr geht von der Geschichte in die Gegenwart, es sei denn ein haßvoller. Vergangenes wird nicht mit Gegenwärtigem vermittelt. Statt dessen wird die untergegangene Form sexuellen Verhaltens den gegenwärtigen Menschen als ehernes Maß entgegengehalten, mit dem zwischen Gut und Böse unterschieden wird.

Eine solche Form der Sexualmoral ist sowohl absolut als auch dogmatisch. Über die wirklichen Menschen verbreitet sie eisige Kälte. Erlaubt sie es doch keinem mehr, sich in dem guten Gefühl zu sonnen, das dann auftritt, wenn man selber will, was man moralischen Forderungen gemäß soll. Ihr offenkundiger Anachronismus macht sie indes schwach. Das von ihr gegeißelte veränderte Sexualverhalten hat sich längst stabilisiert, nicht nur an der Oberfläche. Es ist inzwischen mit dem individuellen Gewissen der Menschen vereinbar, weil dieses Züge des Gegenwärtigen integriert und obsolete Teile ausgestoßen hat. Eine solche Sexualmoral produziert schlimmstenfalls erhabene Sünder, die der Reue nicht fähig sind.

Näher an der psychischen Verfassung der Menschen und deshalb auch folgenreicher sind jene sexualmoralischen Unternehmungen, die sich lustfreundlich gerieren, sofern die Lust das Ihrige in der Ehe, in der Vorehe oder in vergleichbaren heterosexuellen Beziehungen sucht. Diese Form der Sexualmoral ist gewissermaßen zu sehr von dieser Welt, als daß die in ihr enthaltenen expliziten oder impliziten Verdikte an den Menschen spurlos vorbeigingen. Ihre säkularisierte

Gestalt ermöglicht es, sie in politisches Handeln der säkularisierten Gesellschaft zu überführen. Diese Stufe der Sexualmoral liefert die Argumente für das, was ohnehin geschieht: die Abweichenden im Namen der Sittlichkeit zurechtzustutzen. Je nachdem, ob sie sich auf der normativen oder auf der theoretischen Ebene bewegt, wird sie die geläufigen Verdikte „asozial" oder „unmoralisch" bestätigen oder begründen.

So lustfreundlich, wie sie sich geriert, ist auch diese Strömung der Sexualethik nicht. Das ist sowohl an ihren Ausführungsbestimmungen, mit denen die eben zugestandene Lust sogleich wieder eingefangen wird, als auch an dem vorgelegten Kanon akzeptierter sexueller Verhaltensweisen abzulesen. Ihr Begriff von Sittlichkeit geht über das, was Sitte und Gewohnheit der großen Zahl ist, nicht wirklich hinaus. Einen Begriff von Sittlichkeit, der sich innerhalb der von der Gewohnheit gezogenen Grenzen bewegt, wird man aber unkritisch nennen müssen. Er kann vor der Vernunft nicht standhalten. Nur weil ein Verhalten allgemein ist, ist es noch nicht vernünftig, ebensowenig ist ein Verhalten, das selten ist, allein deswegen schon unvernünftig. Mit den Ausnahmen, dem sogenannten abweichenden Verhalten, tut sich diese Form der Sexualmoral kaum weniger schwer als ihre sakrale und offen lustfeindliche Schwester.

Aber nicht nur weil die Sexualmoral, gleich welcher Provenienz, an Sitte und Gewohnheit klebt, verhält sie sich den lebendigen Menschen gegenüber feindlich. Ihre Ferne zu den Menschen ist ihr, solange sie positiv betrieben wird, notwendig inhärent. Um sich Ethik nennen zu können, muß sie Vorstellungen von Gut und Böse entwickeln, und sei es auch noch so zaghaft. Unterließe sie das, wäre sie keine positive Moral mehr. Als positive Moral gewinnt sie ihre Kategorien, indem sie die gesellschaftliche Dynamik stillhält und ihre Vorstellungen von Gut und Böse über den Menschen entwickelt. Die Kategorien positiver Sexualmoral sind nicht nur starrer und widerspruchsfreier als die wirklichen Menschen, sondern sie verhalten sie diesen gegenüber, weil sie ein Maß für Gut und Böse enthalten, notwendig dogmatisch.

Ihre prinzipiell feindliche Haltung gegenüber dem Leben der wirklichen Menschen wird Sexualmoral nicht los, solange sie positiv als ein von den anderen Wissenschaften isoliertes Fach betrieben wird. Negativ, das heißt: kritisch betrieben, verlöre sie ihren starren Charakter, weil sie damit tendenziell in Gesellschaftskritik überführt würde. Als kritische Sexualmoral müßte sie vom Individuum aus gegen Gesellschaft und deren Zumutungen andenken, was ihr allerdings, da im Individuum selber sich Gesellschaftliches reproduziert, das Aufstellen eines festen Wertekanons erheblich erschwerte. Bislang denkt Sexualmoral, ihrem Selbstverständnis zum Trotz, dagegen von der Gesellschaft und ihren Institutionen aus gegen die Individuen an.

Eine über die gegenwärtige Gewohnheit und die gültigen gesellschaftlichen Einrichtungen hinausweisende Sexualmoral kann schon deshalb nicht positiv betrieben werden, weil sie damit zur Sexualutopie würde. Eine solche zu entwerfen aber verbietet sich, weil sich bestenfalls ahnen, keineswegs aber beschreiben oder gar bestimmen läßt, wie die Menschen sein werden, wenn sie die Verhältnisse, unter denen sie leben, geändert haben werden.

Wenn schon die Utopie an ihrer Verhaftung mit dem Gegenwärtigen scheitert, dann gilt das mehr noch für jene Strömungen der Moral, die, auf einer Utopie aufbauend, sich als neue auszugeben pflegen. Solche Moralvorstellungen entstehen dadurch, daß aus dem ausgemalten Bild der Zukunft Formen des Zusammenlebens abgeleitet und in die Gegenwart rückprojiziert werden. Die auf diesem Boden entstandenen Moralvorstellungen treten besonders harsch auf, wohl deswegen, weil ihre Herkunft aus der Gegenwart, über die sie sich erhaben dünken, verleugnet wird. Nicht wenige Mitglieder linker politischer Gruppierungen leiden unter derartigen Moralvorstellungen. Eifernd verlangen diese vom einzelnen, schon jetzt so zu sein, und zwar in Vollendung, wie die Menschen der Utopie gemäß werden sollen. Weil nun aber keiner schon ein neuer Mensch ist, schon gar kein vollendeter, wird das hervorbrechende Alte beim jeweils anderen gnadenlos diskreditiert.

Alle Sexualmoral zeichnet sich durch einen asketischen Zug aus. Noch da, wo sie sich dem Genuß vorgeblich freundlich zuneigt, wird die einschränkende Bemerkung nicht fehlen, man wolle keineswegs einem schrankenlosen Hedonismus das Wort reden. Gewiß, Askese kann nichts anderes hervorbringen als Asketisches, auch wenn sie mit der Lust poussiert. Aufhören sollte man dann aber, ihren Einflüsterungen zu glauben. Ihre Behauptung, hemmungsloser Genuß führe allemal in Hemmungslosigkeit, ist asketischer Wahn. Hemmungsloser Genuß führt zum Genuß, nicht weiter, und gehemmter Genuß ist keiner.

Freilich hat es das asketische Ideal zunehmend schwerer, Gehör zu finden. Nicht unbedingt, weil der Sexualität selber mehr Genuß zugestanden worden wäre als vordem. Das asketische Ideal ist obsolet geworden aus ökonomischen Gründen. Schließlich müssen die rasch wechselnden Moden auch konsumiert werden. Das Ökonomische schlägt durch ins Sexuelle. Und so hat, ungewollt zwar, aber gleichviel, die Zahl derer abgenommen, die sich damit zufriedengeben, ihre Sexualität in der Ehe verdampfen zu lassen.

Jene Spezies Mensch, die in einer sowjetischen Ethik aus den sechziger Jahren noch als Ideal dargestellt wurde, dürfte in den entwickelten kapitalistischen Ländern augenblicklich jedenfalls nicht mehr nachwachsen. In der in dieser Ethik enthaltenen Abteilung Sexualmoral wurde, als Beleg dafür, daß die „neuen Menschen" ihren Frauen treue Ehegatten sind, der folgende Ausspruch eines sowjetischen Schriftstellers überliefert: „Ich habe mir niemals einen übertriebenen Begriff von den Genüssen der Liebe gemacht und war folglich völlig gefeit gegen jegliche Enttäuschung und jedes Erkalten der Liebe."[1]

Möglicherweise war dieser Zeitgenosse zufriedener als es jene Menschen sind, die mit dem Leben deswegen nicht so leicht fertig werden, weil sie mehr erwarten als sie bekommen. Ihre höheren Erwartungen aber scheinen trotz Enttäuschungen hartnäckig, auch diejenigen, die sich auf die Sexualität richten. Die Bereitschaft der Menschen, das desexualisierte Liebesideal, welches nicht nur in den Köpfen der Kleriker herumspukt, zu akzeptieren, hat fraglos nachgelassen. Das aber bedeutet keineswegs, daß die Menschen aufhören, einander zu lieben; nur scheinen sie das auf andere Weise als vordem zu wollen. Abzulesen ist das an der epidemischen Ausbreitung jener Therapieformen funktioneller Sexualstörungen, die das Paar in ihrem Zentrum haben. Was auch immer die „Paartherapie sexueller Funktionsstörungen" sonst noch für Implikate haben mag: sie enthält einen Hinweis darauf, daß sich das Liebesideal der Menschen zu sexualisieren beginnt.

Ob allerdings die Ehe in ihrer bisherigen Form die von der Sexualisierung des Liebesideals ausgehende Dynamik aushält, ist fraglich. Durch die Resexualisierung des Liebesideals wird in der Ehe ein Widerspruch lebendig, der bisher lediglich in latenter Form in ihr enthalten war. Gemeint ist der Widerspruch zwischen dem der Leidenschaft wohl nicht zu Unrecht zugeschriebenen kurzen Verweilen bei zwei

Liebenden und der langen Zeit, welche die Ehe dauern soll. Dieser als Konflikt erlebte Widerspruch spiegelt sich ebenfalls in der Paartherapie funktioneller Sexualstörungen wider. Wird von ihr doch erwartet, den Paaren den unterbrochenen Strom des Begehrens wieder zuzuführen.

Wie das mit der Leidenschaft in der Ehe oder in einer „Zweierbeziehung" auch immer sein mag, daß sie in einem prekären Verhältnis zur Dauer steht, ist schwer zu übersehen. Und so wird Brecht wohl recht gehabt haben, wenn er sang: „Die Liebe dauert oder dauert nicht." Für die Individuen mag die mangelnde Zuverlässigkeit leidenschaftlichen Begehrens leidvoll sein; für die Gesellschaft ist sie fatal. Auf ein dermaßen flüchtiges und unzuverlässiges Gefühl läßt sich nicht bauen. Mit ihm ist im wörtlichen Sinne kein Staat zu machen.

Weil in der Sexualität so viel zufällige Subjektivität herrscht und die leidenschaftliche Liebe sich mehr um sich selbst als um das Gemeinwesen kümmert, mußte sie in den Hintergrund treten und neutralisiert werden: in der Ehe. Erst in ihr konnten Liebe und Sexualität, wie Hegel wußte, sittlich werden. Ebenso wie die Ehre ist für Hegel die Liebe keine wirklich sittliche Eigenschaft. Die Liebe ist „nur die zufällige Leidenschaft des Subjekts zum Subjekt, und, wenn auch durch Phantasie erweitert, durch Innigkeit vertieft, doch nicht das sittliche Verhältnis der Ehe und Familie."[2] Noch deutlicher wurde Kierkegaard, der illusionslos das desexualisierte Liebesideal christlich-bürgerlicher Ehevorstellungen aussprach und behauptete, im Heidentum habe es einen Gott für die Liebe gegeben und keinen Gott für die Ehe; im Christentum gäbe es einen Gott für die Ehe, keinen für die Liebe, weil die Ehe nämlich ein höherer Ausdruck für die Liebe sei.

Bis heute sieht die positive Sexualmoral ihre wichtigste Aufgabe darin, den Konflikt zwischen Neigung und Pflicht, zwischen leidenschaftlicher Liebe und desexualisiertem Liebesideal zu entschärfen. Gelöst hat sie diese Aufgabe in graduell unterschiedlicher Weise, je nachdem, ob sie es mehr mit der Pflicht oder mit der Neigung hält. Immer aber behält die Pflicht die Oberhand, und einen besseren Ausweg als den der Ehe konnte die Sexualethik bislang nicht anbieten. Wenn sie doch einmal andere Lösungsformen vorgeschlagen hat, begegnen uns darin bei genauem Hinsehen die wesentlichen in der Ehe geltenden Elemente wieder.

Es hätte aber keiner speziellen Sexualmoral bedurft. Der Blick Hegels und Kierkegaards reicht tief genug, uns das eigentliche Drama der Sexualität vor Augen zu führen: die Leidenschaft hat keinen sittlichen Ort. Zwar hat man ihr einen Platz in der Ehe zugewiesen, aber in die paßte sie nur als Domestizierte. Leidenschaftliche Sexualität und Ehe vertragen sich nicht so recht miteinander. Nicht ohne Grund haben die großen bürgerlichen Romane die Leidenschaft jenseits der Ehe angesiedelt. Zu haben war sie auch dort nur um den Makel des Unsittlichen. Und so ist das Leben von Effie Briest und Emma Bovary zu dem geworden, was der Ausdruck immer auch implizierte: Passion. Daß großes Lieben gleichbedeutend ist mit großer Passion, liegt jedoch weniger an der Liebe als am sittlichen Gefüge der Gesellschaft, das für die Leidenschaft keinen Raum hat.

Die Lust am Verbot

Unabweisbar ist die Auffassung: In sexuellen Beziehungen von Dauer senkt sich die Sexualität mit einer geradezu gesetzmäßigen Regelmäßigkeit von einem höheren Spannungs- und Befriedigungsniveau auf ein niedrigeres. Dabei handelt es sich nicht in erster Linie um eine quantitative Verschiebung im Sinne nachlassender sexueller Aktivität, obgleich auch das der Fall sein kann. Diese Niveauverschiebung ist als eine qualitative zu denken, die ihren Niederschlag in unterschiedlichen Arten und Weisen des Erlebens findet.

Am Beginn einer Beziehung, wenn auch nicht gleich am Anfang sexueller Aktivitäten, wird die Sexualität normalerweise groß und lustvoll erlebt. So stellt es sich jedenfalls einem von später her gemachten Vergleich dar. Sowohl das auf der frühen Stufe vorherrschende Verlangen als auch das Erleben des Geschlechtsverkehrs haben eine leidenschaftliche Dimension, die sich im Laufe der Zeit verliert und die Sexualität insgesamt flacher erscheinen läßt. Das hängt jedoch nicht mit einem unaufhaltsamen Niedergang der Sexualität und auch nicht mit ihrem allmählichen und kontinuierlichen Altern zusammen. Vielmehr liegt dem flacheren sexuellen Erleben ein Umschlag auf ein neues Niveau zugrunde, das über lange Zeit stabil bleibt.

Mit diesem Schicksal der Sexualität finden sich die Menschen nicht ohne Widerstand ab. Ihre Versuche, den schwächer gewordenen Strom des Begehrens wieder zu entfachen, sind außerordentlich vielfältig. Das fängt bei den eher lächerlich anmutenden Ratschlägen in Ehehandbüchern an, geht über zu den „Ratgebern für die erfolgreiche Geliebte", die jeder biederen Hausfrau suggerieren, sie hätte das Zeug der Circe, und endet bei jenen Praktiken, welche in amerikanisch so viel verheißungsvoller klingen als in deutsch, noch lange nicht. „Mate Swapping" hört sich nicht nur nach mehr an als „Partnertausch", sondern ist drüben wahrscheinlich auch weiter verbreitet als hierzulande. Auch kommen unsere Paare, welche in versprengten Annoncen ihre Toleranz anpreisen und ebensolche suchen, gegen die dort organisierten Interessenten an „Open Marriages" nicht an.

All das ist aber keineswegs neu. Schon Wilhelm Reich riet Paaren, dem nachlassenden sexuellen Interesse durch gelegentliches Fremdgehen wieder auf die Sprünge zu helfen. Er war von der günstigen Wirkung externer sexueller Erlebnisse auf die interne Sexualität überzeugt. Eine Erklärung für das Versiegen der Leidenschaft findet sich bei ihm indes so wenig wie eine Erklärung für die Wirksamkeit der von ihm verordneten Therapie.

Die Liste mit Ratschlägen, die auf die Wiedererweckung der Leidenschaft abzielen, ist lang. Den Menschen fällt aber auch ohne Ratgeber etwas ein. Noch das zum Geschlechtsverkehr abgeschaltete Licht, wogegen die Sexualaufklärer wettern, gehört in diesen Zusammenhang.

In unterschiedlicher Deutlichkeit haben all diese Ratschläge und alle Versuche, die verlorene Leidenschaft wieder zu wecken, ein Gemeinsames: In die zur Selbstverständlichkeit gewordene alltägliche Sexualität wird ein Stück Verbot und Tabu eingeschleust. Der Sexualität soll das Verruchte, Unerlaubte, Anstößige wieder zugeführt werden, das sie im Laufe der Zeit verlor. Dazu wird das Verbot, in welcher Weise auch immer, in Szene gesetzt. Ob das nun durch ein Negligé, das dem des Pornostars auf der Video-Cassette gleicht, oder durch geile Reden oder durch die gespielte Verweigerung des längst Gewährten oder durch das scheinbar zerknirschte Eingeständnis eines „Fehltritts" oder durch stärkeren Tobak geschieht, ändert nichts an der damit verfolgten Absicht: In den sexuellen Alltag soll Abwechslung und Lust gebracht werden.

Es ist geradezu eine Trivialität zu behaupten, Verbotenes sei mit einer besonderen Lustprämie versehen. Gleichwohl wird dieser Zusammenhang neuerdings beständig verleugnet. Vor allem die aufgeklärte Sexualpädagogik hat sich darin hervorgetan. Durchdrungen von der Überzeugung, eine von „restriktiven Normen" und Verboten befreite, also eine „ungehinderte Sexualität" sei gleichbedeutend mit einer lustvollen, schickte sich die Sexualpädagogik an, die Angst zu minimieren, Verbote aufzulösen und die sexuelle Sphäre zu entdramatisieren.

Hinter dem Rücken ihres aufgeklärten Programms aber suchen die Menschen nach dem entschwundenen Tabu und inszenieren unablässig kleine sexuelle Dramen. Sie scheinen zu wissen, daß die sexuelle Lust keine abstrakte Größe ist. Sexuelle Lust wird von wirklichen Menschen wirklich erlebt oder auch nicht. Sie stellt sich durchaus nicht automatisch ein, wenn dem Sexuellen alle Beschränkungen aus dem Weg geräumt sind. Ebenso wie die Kategorie Lust sich nur vermittelt über die Kategorie Unlust erschließt, ist das subjektive Erleben von Lust auf sein Negativ angewiesen, um fühlbar zu werden. Die nur mit sich selbst identische Lust ist keine. Sexuelle Lust ist von der Einschränkung, vom unlustbereitenden Verbot nicht zu trennen.

Daß das Verbot auf Sexualität noch ganz andere Wirkungen hat, als es die hypostasierte Repressionshypothese behauptet, hat am deutlichsten Georges Bataille ausgesprochen. In seiner letzten vor seinem Tod veröffentlichten Arbeit „Die Tränen des Eros" nahm er den ihn immer wieder beschäftigenden Gedanken über das Verbot und dessen Wirkung auf das Verbotene noch einmal auf. Auch Bataille geht von dem allgemeinsten und frühesten Schicksal der Triebe, das heißt von ihrer Unterdrückung, aus und sagt: „Es ist unvorstellbar! Es ist *verboten,* sich zu lieben! Es sei denn, man tue es im geheimen. Wenn wir es jedoch im geheimen tun, verklärt und beleuchtet das Verbot seinen Gegenstand mit einem zugleich unheilvollen und göttlichen Licht: es umgibt ihn mit einem religiösen Schein."[1]

Weniger pathetisch ausgedrückt heißt das: Die verbotene sexuelle Handlung, die wir uns erlauben, wird durch die Existenz des Verbotes zu einem besonderen Vorgang. Dieses hat sich mitten im Zentrum unseres sexuellen Erlebens eingenistet. Nur die allererste sexuelle Regung auf der frühesten Entwicklungsstufe ist noch nicht vom Verbot affiziert, ist gewissermaßen bloße Triebäußerung. Ansonsten sind alle sexuellen Handlungen vom Verbot beeinflußt. Sexualität haben können wir zwar nur dann, wenn es uns gelingt, das Verbot zu überlisten oder ihm zu trotzen. Wir können das Verbot jedoch nicht aus unserer Sexualität verbannen.

Wie die religiösen Feiern der Urchristen in den Katakomben Roms vom Verbot mit einer eigentümlichen Größe ausgestattet wurden, erhält die Sexualität vom Verbot ihre Glorie: „Das Verbot verleiht dem betroffenen Gegenstand", so sagt Bataille, „eine Bedeutung, die er ursprünglich nicht besaß. Das Verbot überträgt seinen Eigenwert auf den betroffenen Gegenstand. Oft frage ich mich im gleichen Augenblick, in dem ich den Vorsatz fasse, dagegen zu verstoßen, ob ich nicht im Gegenteil hinterhältig dazu provoziert worden bin."[2]

Das Verbot übt auf seinen Gegenstand eine Faszination aus und verändert ihn gemäß seiner eigenen Textur. Ist das Verbot groß und mächtig, wird auch unser Erleben ähnliche Qualitätswerte aufweisen, wenn wir erfolgreich gegen ein derartiges Verbot verstoßen haben. Auch die der eigentlichen sexuellen Handlung vorausgehende Spannung, also die sexuelle Erregung, wird in dieser Weise vom Verbot beeinflußt. Bei ihr ist die Wirkungsweise des Verbotes sogar leichter nachvollziehbar.

So wie man alle seine Kräfte zusammennimmt, wenn man einen starken Gegner vor sich glaubt, der einem den Weg zu einem bestimmten Ziel versperrt, das man unbedingt erreichen möchte, so baut sich gegenüber einem mächtigen Verbot die sexuelle Spannung auf. Gelingt es mir, so werde ich blitzschnell fragen, den Gegner zu besiegen, und kann ich danach den von mir gewünschten, von ihm aber verwehrten Weg zu meinem ersehnten Ziel einschlagen, oder wird der Gegner mich besiegen? Selbstverständlich wird niemand in einer solchen Situation sorgfältige Überlegung erwarten. Es handelt sich dabei eher um „impulsive Entscheidungen", bei denen aber doch Ichkräfte im Spiel sind.

Weniger dramatisch haben wir alle solche Vorgänge schon im Alltag erlebt. Besonders begehrt wird das Widerstrebende und mit einem Tabu Belegte. Begehrt wird das Widerständige, weil sein Besitz ein höheres Gefühl, eine tiefere Befriedigung vermittelt als etwas, das einem in den Schoß fällt. Das scheinbar unerreichbare Objekt wird in der Phantasie mit einer Größe ausgestattet, die im Moment seiner Besitznahme auf den Besitzer überzugehen scheint. Ob die einem solchen Objekt verliehene Größe eine Illusion war, kann sich im übrigen nur dadurch herausstellen, daß man es sich aneignet.

Richtet sich ein erotisches Interesse auf eine Person, die sich entzieht oder die gleichsam entzogen ist, dann pflegt dieses in seiner Intensität anzuwachsen und keineswegs sofort zu verschwinden. Emma Bovary war für Rudolf Boulanger von besonderem Reiz, weil sie den Namen eines anderen trug, dessen Frau sie war. Die Liebesleidenschaft dieser beiden wurde durch das mit der Ehe gesetzte Verbot entfacht und von dem Kampf der Bovary zwischen Tugendhaftigkeit und wollüstigem Begehren geschürt.

Die sexuelle Lust verdankt sich freilich nicht einer in Affirmation erstarrten Beziehung zum Verbot, sondern dessen Negation in der

Überschreitung. Darüber wird Lust groß. Die Steigerung von Lust hängt mit der Bewältigung des Konfliktes, der sich im Kampf zwischen Wunsch und Verbot aufgebaut hat, zusammen. Dieser Bewältigung folgen Gefühle von Stolz und Triumph. Die Bovary sah nach dem schließlich vollzogenen Ehebruch vorzüglich aus. Sie war stolz darauf, endlich auch eine der beneideten amoureusen Frauen zu sein, und triumphierte über alle Widerstände: Das Ich desjenigen, der das Verbot überwindet, begeistert sich über das, was es leistet. Es stellt sich ein Zuwachs von Autonomie ein, der im Verlaufe der sexuellen Handlung immer mutiger macht, bis schließlich das Ziel, die Abfuhr der Spannung, erreicht ist.

Der Kampf mit dem Verbot läuft in den folgenden Schritten ab: Es meldet sich ein Triebwunsch, der im Moment seines Entstehens das Verbot evoziert: Das, was ich tun möchte, ist verboten! Ich lasse mir nicht vorschreiben, was ich zu tun habe! Wie wird mein Aufbegehren gegen das Verbot ausgehen? Wird das Verbot mich demütigen, oder werde ich über das Verbot siegen?

Gelingt das Aufbegehren gegen das Verbot und kommt es zu einer sexuellen Handlung, ist diese begleitet von Triumph. Stolz, Triumph und Größe sind elementare Bestandteile leidenschaftlichen sexuellen Erlebens. Dafür gibt es beeindruckende Beispiele in der Literatur, die freilich jene des Lebens nicht zu überbieten vermögen.

Stolz, Triumph und Größe sind aber Gefühlswerte, welche die tiefe Befriedigung, die der leidenschaftlichen Sexualität ebenfalls zugehört, nicht verstehen lassen. Ihnen fehlt die ruhige Entspanntheit, die der tiefen sexuellen Befriedigung eignet. Diese Erlebensqualität kommt über das Gefühl von Erschöpfung und das Gefühl der Dankbarkeit zustande. Die in leidenschaftlicher Sexualität verstrickte Person hat die schreckliche Gefährdung, der sie sich ausgesetzt hat – und der sie sich bis zu einem gewissen Grade auch aussetzen mußte – überlebt. Die Annäherung an das große Verbot ist nichts anderes als eine Annäherung an den Tod. Ihm entronnen zu sein, macht dankbar und hinterläßt ein Gefühl tiefer und ruhiger Befriedigung.

So dramatisch geht es freilich nur bei den ersten Annäherungen an ein Verbot beziehungsweise bei dessen ersten Überschreitungen zu. Die Wirkung des Verbotes löst sich, wie ein Blick auf die Wirklichkeit lehrt, früher oder später auf. Auch dann, wenn die Leidenschaft im

Leben des einzelnen zeitweise hoch sich aufschwang, vergeht sie und macht dem ewigen Einerlei der Sexualität Platz. Das mußte die Bovary schon nach kurzer Zeit erfahren und sich von Rudolf, dem erfahrenen Liebhaber, sagen lassen, daß auf die Leidenschaft nicht zu bauen sei. Er verläßt Emma und ruft ihr nach: Wären wir zusammengeblieben, „hätte sich unsere Leidenschaft (das ist nun einmal das Schicksal alles Menschlichen!) eines Tages, früher oder später, doch verflüchtet. Zweifellos!"

In diesem, nur durch das angefügte „zweifellos" gemilderten Gesetz der Leidenschaft ist zweierlei gesagt. Erstens: Leidenschaft ist möglich. Zweitens: Leidenschaft hat ihre eigene Zeit. Die ihr eigene Zeit muß sich nicht gerade auf einen einzigen Augenblick beschränken. Aber mit einer langen Dauer will sich die Leidenschaft nicht vertragen. Da aber die Leidenschaft nicht an sich selbst, sondern an der Zeit stirbt, drängt sich die Frage auf, was in dieser Zeit geschieht.

Wenn es wahr ist, daß leidenschaftliches sexuelles Erleben eng mit dem Verbot und seiner Wirkung auf die Sexualität zusammenhängt, wenn es ferner wahr ist, daß die Größe des leidenschaftlichen Gefühls eng mit der wirklichen oder phantasierten Größe des Verbots zusammenhängt, dann muß die behauptete Niveauverschiebung im sexuellen Erleben wiederum mit einer Veränderung des Verbotes zusammenhängen. Daß sich Verbote in der Realität verändern, ist eine Binsenweisheit. Doch darum soll es hier nicht gehen.

Es geht hier um unterschiedliche Wahrnehmungen eines objektiv gleich gebliebenen Verbotes. In dauernden sexuellen Beziehungen kommt es nämlich zu einer Wahrnehmungsveränderung gegenüber dem Verbot. Das Verbot ist gleichsam einer Erosion ausgesetzt. So wie ein mit ein und derselben Person immer wieder vollzogener Ehebruch bald aufhört, etwas Besonderes zu sein und sich in seinem Erlebniswert der ehelichen Sexualität annähert, so schwächt eine dauernde sexuelle Beziehung zu einem Menschen das Verbot allmählich ab, ohne es jedoch völlig aufzulösen. Zu dieser Schwächung des Verbotes kommt es ohne weiteres Hinzutun, einfach durch die fortgesetzte Aktivität. Die Menschen wissen das und lasten nicht zu Unrecht der Gewohnheit an, was sie vermissen.

Es ist wie verhext: Die Sexualität desexualisiert sich, indem sie praktiziert wird. Aus diesem Gesetz gibt es kein totales, sondern nur ein partielles Entrinnen. Bataille hat das nicht scharf genug gesehen, da er nur die Wirkung des Verbotes auf die Sexualität untersuchte und die Wirkung, welche die sexuelle Aktivität auf das Verbot hat, außer Betracht ließ.

Die Sache ist die: Etwas, gegen das ich so häufig verstoße, ohne dafür bestraft zu werden, kann nicht wirklich verboten sein. Zumindest kann das Verbot nicht so ungeheuerlich sein, wie ich das zu Beginn einer Begegnung oder zu Anfang meiner sexuellen Aktivität geglaubt habe. Durch wiederholte sexuelle Aktivitäten erweist sich, daß vieles, was dem Verbot (oder einer Person) als Qualität angeheftet wurde, sich einem projektiven Vorgang verdankt, der sich allmählich auflöst. Die fortgesetzte sexuelle Aktivität konsumiert also Teile des internalisierten Verbots und dessen Wirkungen. Mit dem damit einhergehenden teilweisen Zusammenbruch der Macht des Verbotes verflüchtigt sich das große sexuelle Gefühl. Alles, auch man selbst, beginnt in der Sphäre des Sexuellen etwas weniger großartig zu werden als vordem.

Der bisher beschriebene Vorgang soll am Beispiel des Ladendiebstahls, der während einer gewissen Phase der Studentenbewegung geradezu Mode war, noch einmal verdeutlicht werden: Der Ladendiebstahl beginnt damit, einen bestimmten Gegenstand besitzen zu wollen. Im Moment des Entschlusses kommt es zu Spannungs- und Unruhezuständen, die, hat man den Gegenstand glücklich außer Reichweite des Ladeninnern gebracht, von einer großen und großartigen Erleichterung abgelöst werden. Beim nächsten Mal wird dann schon nicht mehr allein um des Gegenstands willen gestohlen, sondern auch wegen des Wunsches nach Wiederholung der erlebten Gefühle.

Genauer gesagt: Der Wunsch nach dem Gefühl und der Wunsch nach dem Gegenstand können nicht mehr voneinander getrennt werden. Unter bestimmten Bedingungen mag das dazu führen, daß das Gefühl zum Selbstzweck und der gestohlene Gegenstand völlig nebensächlich wird. Normalerweise aber schwächt sich das besondere Gefühl nach mehrmaligem Gelingen deutlich ab. Wird die Praxis trotzdem fortgesetzt, bleibt nur ein dem vorherigen Gefühl zwar vergleichbares, jedoch deutlich schwächeres Erleben übrig. Das hängt damit zusammen, daß Stehlen weiterhin als Unrecht empfunden wird und verboten ist. In analoger Weise verläuft die Transformation der hohen sexuellen Leidenschaft in eine banale.

An dieser Stelle drängt sich die theoretisch zwar sinnlose, praktisch aber um so bedeutsamere Frage nach dem der Sexualität gemäßen Erlebniswert auf. Ist dieser, um einen Ausdruck von Gunter Schmidt zu gebrauchen, „autochthone Erlebniswert" der Sexualität, also der ihr sozusagen eingeborene Erlebniswert, so groß, wie er sich in der Leidenschaft äußert, oder ist er so moderat, wie er sich normalerweise zeigt? Oder anders gefragt: Blitzt in den leidenschaftlichen Ausnahmezuständen mehr von der Wahrheit der Sexualität auf als in ihren vergleichsweise langen banalen Phasen? Müssen wir uns also tunlichst unserer Wünsche nach leidenschaftlicher und hochgespannt lustvoller Sexualität entschlagen und sagen, so wie die Sexualität zumeist und von den weitaus meisten Menschen erlebt wird, so ist sie eigentlich?

Theoretisch ist diese Frage sinnlos, weil es keinen natürlichen Erlebniswert der Sexualität gibt. Es gibt aber ganz offensichtlich gesellschaftliche Verhältnisse, in denen die Sexualität entweder für bestimmte Lebensphasen oder unter bestimmten Bedingungen in einer Weise unterdrückt wird, daß sie sich gegen die ihr auferlegten Verbote nicht durchzusetzen vermag. Dann ist die Lust gewährende Dialektik von Verbot und Übertretung stillgestellt.

Praktisch bedeutsam ist die Frage, weil allgemeine Vorstellungen von Sexualität den Umgang der Menschen mit ihr beeinflussen. Ist die Sexualität also so harmlos, wie sie in der modernen Sexualpädagogik aufscheint? Oder ist sie so dramatisch, wie sie von mir gezeichnet wurde?

Nun, die Sexualität ist sowohl harmlos als auch leidenschaftlich. Ihr besseres Element liegt im letzteren. Denn bei aller Faszination, welche die Leidenschaft dem Verbot abgewinnt, bei all ihrer Befangenheit im Verbot: durch die Leidenschaft wird das Verbot in seinen wirklichen Qualitäten erst erfahrbar, und zwar durch Überschreitung.

Machte sich nun aber einer auf und bräche immer da, wo die Stimme der Leidenschaft nicht mehr voll ertönt, würde er zum Opfer des Verbotes. Was für die Stimme der Leidenschaft gehalten wird, ist hier nur noch Stimme des Verbotes, das den Befehl zum Wandern erteilt. Auch ein Daueraufenthalt im engen Kreis der Leidenschaft bringt am Ende nur Banalität, weil auch der verruchteste Ort mit der Zeit seine Schrecken verliert.

Leichter als andere können jene Menschen ein Quentchen Leidenschaft über einen längeren Zeitraum ihres Lebens retten, deren sexuelle Präferenzen mit mehr als dem gewöhnlichen Verbot belegt sind. Das gewöhnliche Verbot auf Sexualität konnte in kollektivem Maßstab ja nie wirklich übermächtig und total werden. Verstöße dagegen mußten gewissermaßen blinzelnd zugestanden werden, weil die Fortpflanzung mit der Sexualität liiert ist. Bei jenen Sexualitäten, die nichts vorweisen können, was ein Zugeständnis erforderlich machte, blieb das Verbot dichter.

Aber auch hier zeichnen sich Veränderungen ab. Die sich vollziehende Integration der „sexuell Abweichenden" wird deren sexuelles Erleben nicht unangetastet lassen. Ihrem Begehren wird ein Stück des alten Reizes genommen, wenn auch sie immer wohlanständiger werden. Das ist an der Reaktion der Homosexuellen auf den Integrationssog abzuleiten, dem sie in jüngster Zeit ausgesetzt sind. Jetzt dürfen sie, was sie wollen, zumindest dürfen sie es ungestrafter als vordem.

Einige von ihnen scheinen sich gegen die besseren Verhältnisse hartnäckig zu stemmen. Mit schrecklichen Lettern malen sie das Menetekel der Verfolgung an die Wand, als ob sie befürchteten, mit der Liberalisierung verfalle ein Stück des Reizes. Provoziert wird der Verfolger aber auch durch eine Veränderung ihrer sexuellen Praktiken. Gleichlaufend mit ihrer Integration in den vergangenen Jahren haben sich unter homosexuellen Männern sadomasochistische Praktiken und Selbstdarstellungen epidemisch ausgebreitet.

Aber auch die Homosexuellen werden der Integration nicht entgehen. Für sie ereignet sich im Moment, was andere bereits hinter sich haben: die Neutralisierung der Sexualität durch deren Vergesellschaftung. Alles deutet darauf hin, daß die Sexualität damit jenen Schuß Unanständigkeit einbüßt, der ihr erst Glanz und Leben verleiht.

Unsittliche Moral

Kein Pontifex maximus dieses Jahrhunderts hat öffentlich intensiver mit dem Sexualtrieb gerungen als Johannes Paul II. Die Stadt Rom und der Erdkreis werden seit Beginn seines Pontifikats mit bemerkenswerter Beharrlichkeit über den richtigen Gebrauch der menschlichen Geschlechtseigenschaften belehrt. Auf jeder seiner Pilgerfahrten und apostolischen Reisen hat sich dieser Papst zur Sexualität geäußert. Und ist er in Rom, wiederholt er seine ernsten Warnungen vor den Gefahren, welche der Kirche und der Menschheit aus dem laxen Umgang mit der Sexualität erwüchsen. Vehement verteidigt er die alten Inhalte der katholischen Sexuallehre und erneuert den Anspruch der katholischen Kirche, in Fragen der Sexualität oberste Autorität zu sein – mit einem Nachdruck, daß man sich als Sexualwissenschaftler an eine mittelalterliche Universität versetzt fühlt.

Auch mit den jüngsten Verlautbarungen des Apostolischen Stuhls zur geschlechtlichen Erziehung erhebt sich die katholische Kirche zum Supervisor der Sexualität. Sie bestimmt die Inhalte und weist Aufgaben zu. Der Wissenschaft werden Grenzen gezogen, und der auf diesem Gebiet ohnehin nur unvollkommen säkularisierte Staat wird angehalten, strafrechtlich zu sanktionieren, was der Kirche mißfällt: „Aufgabe des Staates ist es, die Bürger gegen sittliche Ungerechtigkeiten und Unordnungen zu schützen, wie Mißbrauch Jugendlicher, jede Form sexueller Gewalt, das Verkommen guter Sitten, die Permissivität, die Pornographie und unsachliche Verwendung bevölkerungspolitischer Informationen."[1]

Weil die Kirche zumindest in Industriegesellschaften auf den Staat und das Sexualstrafrecht nicht mehr so recht bauen kann, setzt sie jetzt auf die Sexualerziehung als ein in den modernen Industriegesellschaften bereitliegendes Instrument zur Beeinflussung sexueller Verhaltensweisen. Sexualerziehung soll sein, jedoch nicht dazu, die Heranwachsenden über die Sexualität des Menschen aufzuklären. Veranstaltet werden soll Sexualerziehung, um die Grundprinzipien katholischer Sexualethik zu vermitteln und die begonnene sexuelle Aufklärung zu verdunkeln.

Hätte es noch eines Beweises dafür bedurft, daß die Einsprüche von Elterninitiativen gegen die Sexualerziehung an Schulen sich nicht gegen das Fach als solches richteten, sondern dessen Inhalten galten, mit der römischen „Orientierung zur Erziehung in der menschlichen Liebe" läge er vor. Die katholische Kirche drängt in die Sexualerziehung hinein, um das dort möglicherweise noch vorhandene Verlangen nach sexueller Emanzipation zum Verstummen zu bringen. Daß die Kirche auf die Sexualität der Menschen nur dann Einfluß gewinnen kann, wenn sie sich auf sie einläßt, hat Karol Wojtyla erkannt, längst bevor er zum Papst gewählt wurde. Er, dessen theologisch-philosophisches Schaffen um sexualethische Fragen kreist, befand in einem seiner Hauptwerke bündig und kurz: „Das Problem des Sexualtriebes ist eines der entscheidenden ethischen Probleme."[2]

Gewiß wirft der Umgang der Menschen mit ihrer Sexualität auch ethische Probleme auf. Wenn jedoch die katholische Kirche ihre spezifischen Probleme, die sie mit dem Sexualtrieb hat, zu einem allgemein sittlichen Problem der Menschen machen möchte, ist ihr entschieden zu widersprechen. Gerne wäre ich indes bereit, die brennende Sorge der katholischen Kirche über den Umgang der Menschen mit ihrer Sexualität zu akzeptieren, wenn sie diese in der ihr angemessenen Bescheidenheit vorbringen und als ihre eigene begreifen würde. Selbstverständlich vermag jedermann nachzuvollziehen, daß die katholische Kirche den Sexualtrieb als eines ihrer entscheidenden Probleme ansieht in einer Zeit, in der sich viele ihrer Mitglieder gerade wegen ihrer starren sexualethischen Haltung von ihr abwenden. Auch die Schwierigkeit, Klerus und Ordensleuten die Verpflichtung zu völliger geschlechtlicher Enthaltsamkeit nahezubringen, muß die Kirche beunruhigen.

Tatsächlich ist die Sexualität für die katholische Kirche zu einem entscheidenden Problem geworden. Das Problem ist durchaus von der Art, daß davon der Fortbestand der katholischen Kirche als Institution berührt wird. Es ist deshalb auch nicht abwegig zu vermuten, der auf dem Gebiet der Sexualethik so gut ausgewiesene Kardinal Wojtyla sei zum Papst gewählt worden, weil man ihm zutraute, die Konflikte, in welche die katholische Kirche mit dem Sexualtrieb geraten ist, zu meistern, ohne dabei ihre grundsätzlichen sexualethischen Positionen preiszugeben.

An Versuchen hierzu fehlt es nicht. Auch das neueste Dokument aus Rom ist als solcher zu werten. Dort werden inzwischen jene Tendenzen ausdrücklich kritisiert, „deren Anliegen es war, die Geschlechtlichkeit abzuwerten, so als ob sie natürlicherweise des Menschen unwürdig sei".[3] Eine solche Aufwertung der Geschlechtlichkeit treibt die Kirche allerdings in noch tiefere Widersprüche hinein. Solange sie die Keuschheit preist, der Jungfräulichkeit huldigt und am Zölibat festhält, muß ein engagierter Katholik an der Aufwertung des Sexuellen zweifeln. Er wird die Teilung der Sexualität nicht verstehen können und deshalb die Aufwertung des Geschlechtlichen als das begreifen, was sie ist: bloßer Schein. Sollte es nämlich leichter sein, Gott zu lieben, wenn man sich der Sexualität entschlägt – und deshalb verlangt die katholische Kirche von ihren Amtsträgern sexuelle Enthaltsamkeit –, dann steht die Sexualität weiterhin zwischen Mensch und Gott. Für einen gläubigen Laien bleibt auch weiterhin keine andere Wahl, als diese Krise dadurch zu verkleinern, daß er die Sexualität abwertet.

Wenn sich auch die katholische Kirche gegenwärtig nicht mehr gar so sexualitätsfeindlich geriert wie Augustinus, so hat sie das sexuelle Trauma, das dieser Kirchenvater ihr einpflanzte, doch keineswegs überwunden. Das ist nahezu aus jedem der 111 Paragraphen der neuesten Verlautbarung des Apostolischen Stuhls abzulesen.

Augustinus, von dem wir aus seinen „Bekenntnissen" wissen, daß er weiß, wovon er spricht, wenn er über Sexualität spricht, hat die katholische Kirche die Furcht vor der Sexualität gelehrt, indem er deren Macht zu hoch veranschlagte. Weil ihn mit harter Fessel die Liebe zum Weibe davor zurückhielt, sich Gott ganz hinzugeben, haßte er nach seiner Bekehrung die Sexualität mit all der Leidenschaft, mit der er sich ihr vorher widmete. In seinen Invektiven gegen die Sexualität feiert er jedoch ihre Größe und die ihr innewohnende Kraft. Weil sie ihm zuviel gab, wertet er sie ab. Der Makel der Sexualität liegt für ihn in den großen Gefühlen, die sie bereitet, liegt in der sexuellen Lust.

Weil man ohne Lust weder die für das Leben notwendigen Speisen zu sich nehmen noch den zum Gewinn von Nachkommenschaft erforderlichen Zeugungsakt vollziehen könne, erschwere bereits eine maßvoll gelebte Sexualität die Hingabe an Gott. Schon sie berge die Gefahr in sich, Lust um ihrer selbst willen zu erstreben und damit, wie Augustinus meint, in einem erbärmlichen Leben zu enden. Über die Sexualität gerate man in einen unentrinnbaren Kreis von Abhängigkeit, und deshalb sei es besser, sie zu meiden: „Denn aus dem verfehlten Willen ward Leidenschaft und da der Leidenschaft ich nachgab, ward Gewohnheit daraus, Gewohnheit aber, der man nicht widersteht, wird zum Zwang."[4]

Wenn Augustinus damit ausdrücken wollte, die bei der sexuellen Handlung notwendigerweise erlebte Lust verlange danach, diese um der Lust willen zu wiederholen, vermag ihm die Sexualwissenschaft nicht zu widersprechen. Auch darin muß sie ihm zustimmen: daß die Menschen den sexuellen Genuß, den sie sich zu bereiten imstande sind, als etwas zutiefst Diesseitiges begreifen. Deswegen hat Augustinus wohl auch mit seiner Befürchtung recht, eine glücklich gelebte Sexualität erschwere die vollkommene Liebe zu Gott.

Zur Quelle von Zwang und Abhängigkeit wird die Sexualität und die ihr beigegebene Lust indes nur dem, der sich der ersteren hingibt und die letztere verdammt. Sexuelle Freiheit beginnt erst, nachdem die Lust als der eigentliche Zweck der Sexualität akzeptiert wird. Erst auf dieser Basis werden Entscheidungen darüber möglich, ob und in welcher Weise man Lust erleben möchte. Die katholische Sexualmoral wird demgegenüber von der sexuellen Lust beherrscht. Sie ist das andauernde Ritual, das der Lust Fesseln und Bandagen anlegt. Mit jedem neuen Strick, mit dem die katholische Sexualmoral die Lust zu unterwerfen trachtet, bestätigt sie jedoch deren Größe und verhilft ihr zum Triumph über die Moral.

Wer die katholische Sexualethik begreifen möchte, muß sich mit der Ehelehre der Kirche auseinandersetzen. Sie enthält die Sexualethik schon deshalb in toto, weil alles, was sexuell außerhalb der Ehe geschieht, grundsätzlich unsittlich ist. In der Ehe aber haben Mann und Frau darauf zu achten, daß die Lust nicht überhandnimmt. Nur wenn sie die vorgegebene Hierarchie der Zwecke der ehelichen Sexualität beachten, fehlen sie nicht. Denn die Kirche lehrt unverbrüchlich, „daß die Ehe in erster Linie die Fortpflanzung (procreatio) zum Ziele habe; ihr Nebenzweck sei der gegenseitige Beistand (mutuum adiutorium). Als dritten Zweck nennt man die Stillung des Triebs (remedium concupiscentiae). So hat also vom objektiven Standpunkt aus die Ehe vor allem dem Dasein zu dienen, in zweiter Linie dem Zusammenleben von Mann und Frau, und schließlich einer guten Ausrichtung des geschlechtlichen Begehrens".[5] Durch nichts, auch nicht durch die tiefste Liebe, darf die Fortpflanzung von ihrem ersten Platz verdrängt werden.

Von diesen wohlbekannten Grundsätzen leitet die katholische Kirche von Zeit zu Zeit Ausführungsbestimmungen zu bestimmten sexuellen Verhaltensweisen ab. Wird ein solches kirchliches Dokument veröffentlicht, gibt sich eine aufgeklärte Welt respektvoll erschüttert darüber, daß vorehelicher und außerehelicher Geschlechtsverkehr, Masturbation, „verworrene geschlechtliche Ausdrucksformen" (petting), moderne Methoden der Schwangerschaftsverhütung und homosexuelle Kontakte als illegitim und unsittlich bezeichnet werden. Auch nachdem im Dezember 1983 die „Kongregation für das Katholische Bildungswesen" ihre „Orientierung zur Erziehung in der menschlichen Liebe" vorlegte, reagierten ansonsten durchaus weltliche Kreise irritiert.

Diese Irritation ist deshalb erstaunlich, weil die katholische Kirche nie den Anschein erweckt hat, sie setze sich für die Befreiung des Sexus ein. Nie ist sie von ihrem tiefempfundenen Auftrag abgerückt, die Sexualität zu beherrschen und die Lust zu verdammen. Ihre Zugeständnisse bleiben an der Oberfläche und beschränken sich auf den seelsorgerischen Bereich. Den sexuell Gestrauchelten wird inzwischen zwar eine mildere Hand angeboten als vordem. Mit ihnen wird ein seelsorgerischer und beraterischer Dialog geführt. Doch sollte man sich von diesem geschmeidigen Dialog nicht täuschen lassen. Sein einziger Zweck ist der, die ausgebrochene Sexualität zurückzuholen unter die strenge Herrschaft der katholischen Sexualmoral.

Zu keinem anderen Zweck erhebt der Wojtyla-Papst so häufig seine Stimme in Sachen Sexualität. Seine Mahnungen sind Schwanengesänge auf den verlorenen Einfluß der katholischen Sexualmoral. Wenn auch die Menschen ihre Sexualität noch nicht wirklich selbst beherrschen, so liegt die Beherrschung der Sexualität auch nicht mehr in den Händen der katholischen Kirche.

Die katholische Sexualmoral ist archaisch und roh. Durch die von ihr aufrechterhaltene Reduktion der Sexualität auf die Fortpflanzung, die durch ihre Abwertung der sexuellen Lust zustande kommt, hat sie sich vom Wesen der menschlichen Sexualität so weit entfernt, daß es den Menschen nicht möglich ist, sich nach den Gesetzen der katholischen

Sexualmoral zu verhalten. Eine moralische Vorschrift, die auch mit bestem Willen nicht eingehalten werden kann, ist aber selber unsittlich.

Durchgesetzt hat sich dagegen eine neue Sittlichkeit, die es den Menschen erlaubt, den anderen als Lustobjekt zu gebrauchen, ohne dessen personale Würde zu verletzen. Ein solch sittliches Verhältnis ist dann gegeben, wenn die lustvolle Beziehung wechselseitig und jeder in der sexuellen Handlung zugleich Subjekt und Objekt ist. Als sittlich wird jetzt empfunden, die eigene Lust von der Lust des anderen begrenzen zu lassen, und umgekehrt, die eigene Lust entlang der des anderen zu entwickeln. Wo solche Voraussetzungen nicht gegeben sind, gleichgültig bei welcher Form der Sexualität, sprechen wir auch weiterhin von unsittlichen sexuellen Verhältnissen und fassen sie als eine Mahnung zur Veränderung auf.

Sexualität im Alter

Alt, wenn auch nicht so zahlreich wie gegenwärtig, sind die Menschen immer schon geworden. Historisch neu am Altern ist der mit ihm verknüpfte Eintritt in eine gesellschaftlich definierte Lebensphase. Zu den bisherigen Phasen Kindheit, Jugend, Erwachsensein gesellt sich nunmehr das Alter. Das hat objektive Gründe, und die zunehmende wissenschaftliche Beschäftigung mit älteren Menschen, die den arbeitsteilig organisierten Wissenschaftsbetrieb um das Fach Gerontologie bereicherte, ist dafür nur Ausdruck. Die gesellschaftliche Definition der Lebensphasen hat ihr Zentrum in der Lohnarbeit. Menschen im Rentenalter sind deswegen auch nicht als Erwachsene zu bezeichnen. Bestimmt sich doch der Status des Erwachsenen dadurch, daß während dieser Phase die Mittel zum Leben selbst verdient werden ohne regelmäßige Subsidien.

Ausgemessen wird, was das Alter als spezifische Lebensphase ausmacht, erst allmählich. Noch sind die Forschungsergebnisse lückenhaft und die Vorstellungen davon, was im Alter normal sein soll, unbestimmt. Ging das allgemeine Bewußtsein bis vor kurzem von einem mit dem Altern einhergehenden Rückbildungsprozeß aus, womit auch und ganz besonders die Sexualität gemeint war, ist diese Vorstellung heute als glattes Vorurteil zu bezeichnen.

Zwar kommt es in höherem Lebensalter zu einer Veränderung der körperlichen sexuellen Reaktionen, die insbesondere deren Intensität und Dauer betreffen. Von den körperlichen Veränderungen bei älteren Frauen ist vor allem die Verdünnung der Vaginalhaut und die Verringerung und Verzögerung der vaginalen Lubrikation bei sexueller Erregung zu nennen. Ältere Männer reagieren auf eine sexuelle Erregung oder eine sexuelle Stimulierung nicht mehr so rasch mit einer Erektion. Haben sie eine volle Erektion erreicht und diese ohne Ejakulation wieder verloren, dauert es bei ihnen deutlich länger als bei jüngeren Männern, erneut eine volle Erektion zu erreichen. Diese und weitere mit dem Altern einhergehenden Veränderungen der sexuellen Reaktionen sind indes keineswegs gleichbedeutend mit einem Verlust der sexuellen Fähigkeiten.

Auch ältere Menschen haben die Fähigkeit zur Sexualität, und sie haben sexuelle Bedürfnisse. Das gilt freilich nur ganz generell und auf eine sehr abstrakte Weise: Es gibt im Verlaufe des Alterungsprozesses keine biologischen oder physiologischen Veränderungen, die für sich genommen als entscheidende, die Sexualität zum Verlöschen bringende Zäsur zu betrachten wären.

Gleichwohl sind viele ältere Menschen nicht mehr sexuell aktiv. Zwischen der postulierten sexuellen Fähigkeit und der vorgefundenen sexuellen Wirklichkeit älterer Menschen herrscht also eine auffällige Diskrepanz. Zur Erklärung dieser Diskrepanz hat die sexualwissenschaftliche Forschung in den letzten Jahren eine Reihe von Kriterien herausgearbeitet, von denen hier die wichtigsten genannt werden sollen. Negativ auf die sexuelle Aktivität älterer Menschen wirken sich demnach folgende Faktoren aus:

1. Das Fehlen eines Partners
2. Negative Einstellungen zur Sexualität im Alter
3. Geringe frühere sexuelle Aktivitäten

Schon auf den ersten Blick erweisen sich diese Faktoren als nicht sehr erhellend. Keiner, der auch nur ein Quentchen soziologische Phantasie besitzt, wird darüber erstaunt sein, daß unter denjenigen, die auch in höherem Alter einen „festen Partner" haben, was in der Regel gleichbedeutend sein dürfte mit Ehepartner, sexuelle Aktivitäten häufiger anzutreffen sind als unter denjenigen ohne einen solchen Partner. Auch beim Studium der Sexualität im Alter offenbart sich, daß die Ehe und die ihr nachgebildeten Beziehungsformen nach wie vor die einzig gesellschaftlich legitimen Orte zur Ausübung des Geschlechtsverkehrs sind. Was Wunder, wenn jene, die ohne festen Partner leben, häufiger sexuell inaktiv sind als die anderen.

Wollte man auf dieser Ebene von sexueller Deprivation reden, müßte man von den Frauen sprechen: 70 Prozent der Frauen über 65 Jahre sind entweder verwitwet, geschieden oder ledig; der Anteil bei den über 65 Jahre alten Männern, die entweder verwitwet, geschieden oder ledig sind, beträgt dagegen nur 24 Prozent. Ältere Frauen haben es schon deshalb besonders schwer, im Alter noch einen Sexualpartner zu finden. Ob sie das wirklich wollen, steht dahin.

Auch wenn eine jetzt verwitwete ältere Frau bis zum Tod ihres Ehemannes sexuell aktiv gewesen sein sollte, ist daraus nicht unvermittelt auf ein entsprechend waches sexuelles Verlangen zu schließen. Der evidente statistische Zusammenhang – Ehe bzw. feste Partnerschaft = weitverbreitete sexuelle Aktivität – ist eben nur ein statistischer Zusammenhang. Aus ihm ist keineswegs abzuleiten, die Ehe sei ein Hort gegenseitiger sexueller Befriedigung. Sagen doch diese Zusammenhänge nicht mehr aus, als daß verheiratete ältere Menschen oder ganz generell Menschen, welche in festen Beziehungen leben, eher sexuell aktiv sind als Alleinstehende. Über die erlebte und erfahrene sexuelle Befriedigung, die sich mit dieser Aktivität verbindet, wissen wir aber erst einmal noch gar nichts. Sexuelle Aktivität kann, muß aber nicht, Ausdruck von sexuellem Verlangen und sexueller Befriedigung sein. Bevor ein solcher Zusammenhang unterstellt wird, wäre er zuerst einmal zu prüfen.

Nachlassende sexuelle Aktivität oder gar ein gänzlicher Verzicht auf Sexualität muß immer auch auf dem Hintergrund der kumulierten sexuellen Erfahrung betrachtet werden. Zu fragen ist also: Wie wurde die Sexualität im Verlaufe des bisherigen Lebens erlebt? Wäre sexuelle Aktivität nicht schon längst auch äußerer Zwang, der sich nirgendwo deutlicher manifestiert als in der Ehe, mit der ja ein sexuelles Monopol erworben wird, könnte man derlei Fragen unterlassen. Weil sie das aber ist, können sexuelle Vollzüge auch nicht ohne Zögern mit sexueller Befriedigung gleichgesetzt werden. Von einer solchen stillschweigenden Gleichsetzung aber leben die entsprechenden Korrelationen der Sexualwissenschaft, ja diese Gleichsetzung macht geradezu den Sinn ihrer Korrelationen aus.

Legionen von Ehepartnern haben die Dürftigkeit ehelicher Sexualität jahrzehntelang miteinander ausgehalten, eine Leistung, die man nicht geringschätzen sollte. Nach einer solchen Erfahrung wäre es nur folgerichtig, wenn sie irgendwann einmal kein allzu großes Verlangen nach Sexualität mehr spürten. Denn wie sollen Menschen, deren Sexualität sich immer in bestimmten, wenig befriedigenden Gleisen bewegt hat, mit ihr etwas anderes verknüpfen als was sie jahrzehntelang erfahren haben? Wo aber, und sei es nur bei einem Partner, die Unlust überwiegt, wird man sich der Sexualität entledigen, sobald die Verhältnisse es gestatten. Eine solche Möglichkeit ist dann gegeben, wenn die Schwelle zum Alter überschritten wurde. Dann läßt sich das Stereotyp vom Alter ohne Sexualität aufgreifen, um mit seiner Hilfe eine wenig lustspendende sexuelle Praxis zu beenden. Daß dieses Stereotyp unter ganz bestimmten Bedingungen entlastend eingesetzt werden kann, klingt nur dem paradox, der glaubt, in dieser Gesellschaft sei Sexualität allemal lustvoll und befriedigend.

Festzuhalten ist: nicht alle älteren Menschen haben den Wunsch nach Sexualität. Deshalb reagieren sie auch teilweise mit Widerständen, wird an sie das Ansinnen herangetragen, weiterhin sexuell aktiv zu sein. Nicht daß sie den Wunsch nie gehabt hätten. Er mag ihnen aus guten lebensgeschichtlichen Gründen erstorben sein, längst bevor sie wirklich alt waren. Aber auch unter positiven Vorzeichen, nach einer sexuell erfüllten Beziehung, muß die sexuelle Aktivität nicht mehr aufleben, wenn einer der Partner verstorben ist. Vorstellbar ist eine so enge Bindung des Sexualtriebes an einen Menschen, daß diese auch über dessen Tod hinaus in der Phantasie erhalten bleibt. Eine so enge und offenbar gar nicht so seltene Bindung der sexuellen Libido an einen Menschen macht dem Zurückgebliebenen die erneute Aufnahme sexueller Aktivitäten mit anderen unmöglich.

Die Sexualität im Alter ist, wie an diesen wenigen Beispielen gezeigt werden sollte, aus sich allein heraus nicht zu verstehen. Dazu muß vielmehr das Schicksal der Sexualität in der ganzen vorausgegangenen Lebensgeschichte mit einbezogen werden, und zwar sowohl dessen individuelle als auch dessen kollektive Dimension.

Wie sehr das Sexualverhalten im Alter mit der angehäuften Lebensgeschichte verwoben ist, läßt sich auch an dem Phänomen Onanie ablesen. Nimmt man nur alles gleich, dann bietet sich geradezu an, die Onanie als Kompensation für den aus welchen Gründen auch immer verlorengegangenen Geschlechtsverkehr zu betrachten. Eine solche Annahme ist schon deshalb naheliegend, weil die Vorstellung von der Onanie als Ersatzbefriedigung in der Sexualwissenschaft ungemein beliebt ist. Diese Vorstellung geht zurück auf die hohen Onanie-Raten während der Pubertät. Für diese hohen Raten pflegt normalerweise das auf der Jugendsexualität lastende Tabu verantwortlich gemacht zu werden. Angenommen wird, Jugendliche onanieren deshalb so häufig, weil ihnen der regelrechte Geschlechtsverkehr von der Gesellschaft verweigert wird. Das ist aber nur die halbe Wahrheit. Schon in der Jugend steht die Onanie für etwas anderes als für einen bloßen Ersatz für Geschlechtsverkehr.

In den hohen Onanie-Raten dieser Lebensperiode schlagen sich auch die Schwierigkeiten nieder, die mit der in ihr erforderlichen Loslösung von den infantilen Liebesobjekten aufkommen. Im Verlaufe dieser Loslösung kommt es, gleichsam als Stütze für die Entwicklung, zu einer Wiederbelebung der autoerotischen Komponente der Sexualität. Nach erfolgreichem Abschluß der Pubertät versiegt diese Komponente weitgehend und wird abgelöst von der jetzt dauerhaft erworbenen Fähigkeit, andere Menschen als die Liebesobjekte der frühen Kindheit libidinös zu besetzen.

Eines der Resultate dieses Umgestaltungsprozesses der Sexualität schlägt sich in den beobachtbaren Veränderungen in der „Präferenz" der verschiedenen Quellen der sexuellen Triebbefriedigung nieder: Die Onanie tritt weitgehend zurück, und der Koitus wird zur hauptsächlichen Quelle der Triebbefriedigung. Diese Umgestaltung der Sexualität ist so nachhaltig, daß sie normalerweise nicht rückgängig gemacht werden kann. Auf die Onanie kann nicht mehr umgestiegen werden, auch dann nicht, wenn die aus dem Geschlechtsverkehr gewonnene sexuelle Befriedigung deutlich abnimmt oder gänzlich entfällt. Deshalb auch ist die Onanie als Quelle der Triebbefriedigung für die weitaus überwiegende Mehrheit älterer Menschen verstopft.

Eine Sexualwissenschaft, die sich über diese Dimensionen der Sexualität keine Rechenschaft gibt, wird auch die Motive für das Sexualverhalten älterer Menschen nicht verstehen und verfehlt ihren Gegenstand. Der Weg bis zu einem solchen Verstehen ist noch weit. In der Zwischenzeit sollte die Sexualwissenschaft sich hüten, auf der Basis ihrer oberflächlichen Kriterien ältere Menschen zur sexuellen Aktivität anzuhalten.

Schwierigkeiten im Umgang mit dem Homosexuellen

„... keiner ist, was er meint, erst recht
nicht, was er darstellt. Und zwar sind alle
nicht zu wenig, sondern zuviel von Haus
aus für das, was sie wurden. Später gewöh-
nen sie sich an die Haut, in der sie nicht
nur stecken, sondern in die man sie auch
noch gesteckt hat ..."

Ernst Bloch

Wo sich Homosexuelle und Heterosexuelle wirklich treffen, bekommen sie Schwierigkeiten miteinander. Müssen sie doch falsche Bilder
korrigieren und Vorurteile aufgeben, beide. Das aber ist, wie man
weiß, schmerzlich. Daß davon im alltäglichen Umgang zwischen Homosexuellen und Heterosexuellen so wenig zu merken ist, hängt damit
zusammen, daß sie sich zumeist nur begegnen, ohne aufeinander zu
treffen.

Aus guten Gründen schlüpft der Homosexuelle in das vorherrschende heterosexuelle Klischee. Das ist seine Tarnfarbe. Bei solchen
Begegnungen ist der Homosexuelle in einer Hinsicht im Vorteil. Er
und nicht der andere versteht sich aufs Nachahmen, und er kann das
nur, weil er auf abstrakte Weise mehr über die Heterosexuellen weiß,
als diese über ihn. Vordergründig vermag er das Geheimnis seiner
sexuellen Neigung dann auch zu hüten. Das ist, bei allem Ressenti-
ment, welches in solchen Fragen immer auch enthalten ist, einer der
Gründe dafür, warum die Heterosexuellen nicht aufhören zu fragen:
Was eigentlich ist nun Homosexualität, und wie sind sie wirklich, die
Homosexuellen?

Der erste Teil der Frage ist leichter zu beantworten als der zweite.
Die Homosexualität ist eine in der menschlichen Anlage bereitliegende
Möglichkeit, wenn man so möchte: ein unbefreiter Triebanteil. Mit ihr
haben es infolgedessen alle Menschen zu tun, wenn auch in unterschiedlicher Weise. Daß sie das in der Regel nicht wissen oder nicht
wahrhaben möchten, ändert nichts an der Wahrheit dieses Satzes.

Weil die Homosexualität in allen Menschen vorhanden ist, herrschen zwischen manifest Homosexuellen und manifest Heterosexuellen letztendlich nur quantitative und keine qualitativen Unterschiede. Es gibt kein homosexuelles Wesen, auch wenn davon seit Beginn der Homosexualitätsforschung geraunt wird. Kein polarer Gegensatz scheidet die Heterosexualität von der Homosexualität. Wo so argumentiert wird, soll allemal das gesunde Heterosexuelle vom kranken Homosexuellen unterschieden werden.

Zwischen homosexuellen und heterosexuellen Individuen gibt es dann aber wohl doch Unterschiede, quantitative zwar, aber nicht zu verwischende. Diese gehen zurück auf die Erfahrungen in der frühen Kindheit, spezifische Erfahrungen, die sie mit einer homosexuellen Disposition ins erwachsene Leben entlassen. Die Unterschiede gründen aber auch in jenen Erfahrungen, die einer, der hierzulande homosexuell wird, machen muß. Im erwachsenen Homosexuellen schießen diese beiden spezifischen Erfahrungsmomente nahezu ununterscheidbar zusammen.

Wie aber sind nun die erwachsenen Homosexuellen? Die Antwort auf diese Frage fällt sowohl der kritischen Homosexualitätsforschung als auch den Homosexuellen selbst schwer. Glatte Antworten darauf hat immer nur der Homosexuellen-Haß parat. Homosexuelle sind all das nicht, was von ihnen behauptet wird, zumindest sind sie es nie so, wie es von ihnen behauptet wird. Sie sind weder seelisch krank noch kriminell, obschon sie auch das sein können.

Daß weder die kritische Homosexualitätsforschung noch die Homosexuellen selbst genau wissen, wie oder was Homosexuelle sind, hängt mit ihrer äonenalten Verfolgung und mit den sie begleitenden ideologischen Rechtfertigungsversuchen zusammen. Im Verein mit wohlmeinenden Wissenschaftlern haben Homosexuelle seit nunmehr über 100 Jahren versucht, all die haßvollen Adjektive und zerschmetternden Verdikte, die auf sie abgeladen wurden, zu widerlegen. Weil sie bislang ständig damit beschäftigt waren zu widerlegen, was an ihrem Verhalten unmoralisch oder asozial sein soll, entwickelten Homosexuelle eine ausgeprägte Vorstellung von dem, was sie nicht sind oder was sie aus Gründen der Opportunität weder vor sich selbst noch der Öffentlichkeit gegenüber sein dürfen. Dazu, was sie sind, ja selbst dazu, wie sie sich verhalten, haben sie dagegen nur ein unvollkommenes oder gar kein Verhältnis.

Deshalb auch stößt jeder Versuch, Homosexuelle nicht nur als abstrakte Wunschmaschinen oder als Opfer darzustellen, sondern sie als die Subjekte zu begreifen, die sie eben sind, mit all ihren Fähigkeiten und Mängeln, bei ihnen selbst zuerst einmal auf nicht geringen Widerstand. Daran, daß sie eine umgreifende Darstellung ihres Verhaltens oder gar eine immanente Kritik an diesem, eine Kritik also, die die homosexuelle Liebe als solche gar nicht angreift, sondern letztendlich festigt, nur schwer zu ertragen vermögen, ist mehr über ihre Situation abzulesen als an den zahlreichen Proklamationen.

Der Widerstand gegen solche Versuche aber ist folgenreich, auch für die Emanzipation der Homosexuellen. Diese muß schließlich von wirklichen und nicht von Wunsch-Homosexuellen durchgesetzt werden. Wo aber der Umgang mit der eigenen Wirklichkeit so brüchig ist, ist auch die politische Kraft leichtgewichtig. Wie andere Menschen auch, wollen Homosexuelle keine Utopien verwirklichen, sondern Widersprüche beseitigen, die ihnen das Leben, so wie sie gerade sind, schwer machen. Dazu aber müssen sie das ganze Spektrum homosexueller Existenz durchdringen. Notwendig ist das allein wegen der partiellen Auflösung des Tabus Homosexualität. Denn erst damit kamen Elemente homosexuellen Lebens an die Oberfläche des gesellschaftlichen Bewußtseins, die vorher vom Tabu zurückgehalten wurden. Eine Rückkehr hinter dieses Tabu ist nicht mehr möglich, freilich jedoch ein Rückfall in die rachsüchtigste Verfolgung.

Die Furcht davor macht es den Homosexuellen so schwer, das Besondere und Unterscheidende bei sich zu akzeptieren. Versucht doch der Homosexuellen-Haß sich seine abgeschmackten und scheinbaren Begründungen bei solchen Phänomenen zu holen. War es gestern der Analverkehr, ist es heute die Promiskuität. Aber auch wenn das so ist, hilft es keinen Schritt weiter, das andere, was immer das im individuellen Fall auch sein mag, zu verleugnen. Diese Verleugnung ist vielmehr ein Stück Selbststigmatisierung. Auch glaube ich nicht, daß das Festhalten am je Differenten mehr Haß auf sich zieht als dessen Selbstverleugnung. Das Differente – fast bin ich versucht, es einen tendenziell anderen Umgang mit der Welt zu nennen – wird, so sehr das von Homosexuellen selbst bestritten werden mag, in der alltäglichen Kommunikation doch wahrgenommen. Es schlägt schon deswegen durch, weil die Gesellschaft bis in ihre feinsten Verästelungen von der heterosexuellen Norm durchdrungen ist. Das macht das Differente spürbar. In der Begegnung von Homosexuellen und Heterosexuellen äußert sich diese Wahrnehmung in einem Gefühl, welches dem letzteren sagt, mit dem ist irgend etwas anders, oder umgangssprachlicher, aber auch genauer ausgedrückt: mit dem stimmt doch was nicht.

Was das nun genau ist, wird der Nichthomosexuelle nicht beantworten können, und gerade das scheint ihn zu beunruhigen. Gewiß kommt es nicht bei jeder zufälligen Begegnung zwischen Homosexuellen und Heterosexuellen zu solchen Reaktionen, aber doch da, wo beide länger und häufiger zusammen sind. Auch dem Homosexuellen wird diese Reaktion nicht entgehen, worauf er dann, kann er seine Angst nicht überwinden, mit einem höheren Maß an Anpassung zu antworten pflegt, was das Mißtrauen indes nur noch verstärkt.

Etwas Unausgesprochenes trennt jetzt den Homosexuellen vom Heterosexuellen, wodurch beide sich viel weiter voneinander entfernen, als sie es in Wirklichkeit sind. Spräche der Homosexuelle aus, was er zu verbergen trachtet, und hielte am Differenten fest, würde nicht nur bei ihm ein konturierteres Gefühl dafür wachsen, wie sehr er dem anderen in einer gegebenen historischen Situation gleicht. Für den Homosexuellen bedeutet das nicht weniger, als zuerst einmal das Homosexuelle an sich für das Wichtigste auf der Welt zu nehmen. Damit wehrt er sich gegen die ideologische Gleichmacherei und gegen die ihm aufgezwungene Identifikation mit der heterosexuellen Norm. Ist er einmal durch dieses Stadium hindurchgegangen, wird ihm die Homosexualität so wichtig, wie sie sein sollte: Sie wird zu einem Element der Person unter anderen. Überspringen läßt sich dieses Stadium indes nicht, es sei denn um den Preis des immerwährenden Übergewichts des Homosexuellen. Davon legen diejenigen unter den Homosexuellen Zeugnis ab, die von sich behaupten, keine Konflikte, weder individuelle noch soziale, mit ihrer Homosexualität zu haben, und doch ständig auf dem Quivive sind, ihre Homosexualität zu verbergen.

Das bei allen Unterschieden Gleiche an Homosexuellen kann von den anderen ebenfalls erst dann begriffen werden, wenn diesen das immer gespürte und von ihnen oft zum Vorurteil vergröberte andere nicht vorenthalten wird. Die hier gemeinte Dialektik kann sich nur im Umgang der Menschen miteinander entfalten, und konkret nur dann, wenn jeder zu dem steht, was er will und was er ist.

Wenn dieser Prozeß in Gang gesetzt wird, werden wir auch besser als jetzt wissen, was nun das andere an Homosexuellen ist. Wahrscheinlich schrumpft es dann bis zur Unkenntlichkeit zusammen.

Ursachen der Homosexualität?

Die Homosexualität kommt, wovon man sich in den vergangenen Monaten wieder überzeugen konnte, aus den Schlagzeilen der Massenmedien nicht heraus. Freilich gerät sie in diese nicht ganz von selbst. Nicht selten sind die Schlagzeilen dem geronnenen Fleiß der Homosexualitätsforscher zu verdanken. Massenmedien und Homosexualitätsforschung befruchten sich wechselseitig. Der Wissenschaftler liefert den Medien das Material, und diese liefern jenen die Schlagzeilen. Das wäre nicht weiter bemerkenswert, zumal die Homosexualität wahrlich kein Thema ist, welches in den Stuben der Gelehrten verbleiben sollte.

Bemerkenswerter wäre dies, wenn sich zeigen ließe, daß die Massenmedien die Homosexualitätsforschung auch inhaltlich beeinflussen. Es ist ja durchaus nicht so, daß der Homosexualitätsforschung insgesamt eine ungeteilte öffentliche Aufmerksamkeit zuteil würde. Mit ihr kann nur rechnen, wer mit einer möglichst klotzigen These über die Ursachen der Homosexualität aufwartet.

Im Interesse der Medien an den Resultaten der Ätiologieforschung spiegelt sich die allgemeine Auffassung, derzufolge die manifeste Homosexualität von einer fundamentalen Störung verursacht wird, welche die Wissenschaft zu isolieren hat. Beobachten ließ sich das zuletzt an dem starken Anklang, den die von Günter Dörner vertretene Vorstellung über die Ätiologie der Homosexualität in der Öffentlichkeit, und beileibe nicht nur in der fachlichen, gefunden hat. Dörner gilt die Homosexualität als vorgeburtliche neuroendokrine Störung, die durch eine Analyse der Hormone während der Schwangerschaft rechtzeitig diagnostiziert werden könne. Als Remedur schlägt er eine Hormonbehandlung von streßgefährdeten schwangeren Frauen vor, deren Kinder ein besonderes Homosexualitätsrisiko haben sollen.[1]

Dörners Angebot, die leidige Homosexualitätsfrage zu lösen, kommt, wie dessen begierige Popularisierung zeigt, der herrschenden ambivalenten Haltung gegenüber der Homosexualität entgegen: Einerseits werden erwachsene Homosexuelle mehr oder weniger toleriert, andererseits soll die homosexuelle Entwicklung eines Individuums mit allen Mitteln verhindert werden. Das letztere sollen die Ätiologieforschung und die aus ihr ableitbaren Homosexualitätstherapien besorgen.

Nur dem naiven Beobachter erscheint die Forschung nach den Ursachen der Homosexualität als eine wissenschaftliche Beschäftigung wie andere auch. Bringt man sie indes in Zusammenhang mit dem herrschenden Mißtrauen gegenüber der Homosexualität, von dem die Ätiologieforschung einerseits befruchtet wird und das sie andererseits bestätigt, verliert die Suche nach den Ursachen der Homosexualität ihre Unschuld. Die Ätiologieforschung ist weder so wertfrei noch so voraussetzungslos, wie uns das ihre Betreiber glauben machen möchten. Man ist gut beraten, zuerst einmal jedweder Ätiologieforschung zu supponieren, sie sei die blinde Sachwalterin der kollektiven Antihomosexualität.

Nach den sogenannten Ursachen der Homosexualität wird ja nicht geforscht, um ihre Wirkungen, das Homosexuelle, besser verstehen und mit den Homosexuellen adäquater und humaner umgehen zu können. Ursachenforschung wird auch nicht betrieben, um das antihomosexuelle Vorurteil zu entzaubern. Sie selbst ist vielmehr Ausdruck der kollektiven Verzauberung durch das antihomosexuelle Vorurteil. Solange die Homosexualität als unerwünscht oder gar als pathologisch angesehen wird, wird nach ihren Ursachen geforscht werden. Die Ätiologieforschung befindet sich in weitgehender Übereinstimmung mit dem kruden Alltagsverständnis, dem die Homosexualität als ein Phänomen gilt, das in der Spanne zwischen monströs und gefährlich angesiedelt ist. Wer so fragt wie die ätiologische Homosexualitätsforschung, dem ist, wie dem Alltagsverstand, Sexualität nach wie vor gleichbedeutend mit Heterosexualität.

Freilich ist an der Forschung von Dörner nichts wirklich neu. Ebensowenig ist das gesellschaftliche Interesse an ihr überraschend. Ursachenforschung in der von Dörner eingeschlagenen Richtung ist so alt wie die sexualwissenschaftliche Beschäftigung mit Homosexualität. Schon immer wurde von einem Teil der sexualwissenschaftlichen Autoren eine krankhafte biologische Grundlage der Homosexualität angenommen. Das wiederum ist nicht erstaunlich, wenn man sich vor Augen führt, welches Erbe die Sexualwissenschaft angetreten hat. Ihr wurde als Krisenwissenschaft, die sie nun einmal ist, das uralte von der christlichen Sittenlehre gegen die Homosexualität ausgesprochene

Verdikt zur Verwaltung übertragen. Daran arbeitet sie sich immer noch ab. Wie der Kirchenvater Augustinus lehrte, sei die homosexuelle Handlung nicht nur Sünde an sich, weil sie gegen das von Gott gesetzte Naturgesetz verstoße, sondern auch Strafe für Sünden. Säkularisiert gesprochen, verstößt die Homosexualität gegen die zum Naturgesetz vergottete heterosexuelle Norm. Deren Übertretung bringt bekanntlich Leiden und Qualen mit sich.

Der zynische Fortschritt in den Vorstellungen von Dörner liegt darin, daß er an die Wurzeln zu gehen verspricht. Auch wenn die bisher bekannten Therapien der Homosexualität häufig offen mit der Antihomosexualität im Bunde standen, so waren sie doch vergleichsweise harmlos. Sie beschränkten sich auf die Behandlung einer bereits mehr oder weniger manifest gewordenen Homosexualität, waren also für mehr oder weniger erwachsene homosexuelle Menschen gedacht. Das machte diese Therapieformen relativ wirkungslos. Denn bei allen Konflikten, die Homosexuelle wegen ihrer Objektwahl und der mit ihr zusammenhängenden gesellschaftlichen Diskriminierung haben mögen: Ihnen bleibt auch etwas Positives, nämlich die spezifische Lust, die sie über ihre Sexualität erleben. Diese hält auch die an sich selbst und ihrer Umwelt verzweifelnden Homosexuellen schließlich davon ab, solche therapeutischen Möglichkeiten zu nutzen, die versprechen, die Homosexualität zum Verschwinden zu bringen. Auch ist die Macht der Eltern, Jugendliche, die ihre homosexuellen Wünsche entdecken, zu derartigen Behandlungen zu zwingen, begrenzt.

Gemessen an den bisherigen therapeutischen Angeboten ist das von Dörner vorgelegte Versprechen deshalb so perfide, weil es der Homosexualität schon im Mutterleib, also gewissermaßen in statu nascendi den Kampf ansagt. Läßt eine schwangere, unter Streß stehende Frau, deren Fötus nach Dörner besonders homosexualitätsgefährdet sein soll, sich prophylaktisch Hormone verabreichen, wird sie sich wahrscheinlich besonders verantwortungsvoll vorkommen. Sie handelt, wenn sie sich behandeln läßt, nicht nur nach dem gesellschaftlichen Befehl, der Homosexualität nicht will. Sie bewahrt, so wird sie glauben, durch eine solche Therapie ihr werdendes Kind vor dem schweren sozialen Schicksal, das Homosexuelle erwartet. Mutter und Therapeut können sich in dem Gefühl sonnen, schweres seelisches Leiden verhindert zu haben. Dieser Mechanismus, mit dem soziale Konflikte individualisiert werden, war schon bisher wirksam: Auch Eltern, denen es dämmert, daß das Leiden der Homosexuellen zuallererst ein Leiden an der Gesellschaft ist, bringen ihre Kinder im homosexuellen Coming out in die sexualmedizinischen Ambulanzen in der Erwartung, dort verfügte man über ein Medikament oder eine raffinierte, aber schonende Behandlungsmethode, mit der die Homosexualität „weggemacht" werden kann. Nicht selten verweisen solche Eltern ausdrücklich auf die herrschende Diskriminierung homosexueller Menschen, vor der sie Sohn oder Tochter bewahren möchten, ohne jedoch zu bemerken, wie tief sie in die herrschende Homophobie verstrickt sind.

Abzulesen ist an dem Eifer, mit dem nach wie vor nach den Ursachen der Homosexualität geforscht wird, die Irritation und die Angst, die vom Homosexuellen immer noch auszugehen scheint. Zwar hat die Ätiologieforschung bislang keine brauchbaren Resultate erbracht, also gerade das nicht gehalten, was die homosexuellenfeindliche Gesellschaft von ihr erwartet. Aber die bloße Suche nach den Ursachen der Homosexualität, über deren Ergebnisse die Öffentlichkeit von Zeit zu Zeit unterrichtet wird, wirkt wie ein Fetisch, der den bösen Geist Homosexualität zu bannen verspricht.

Auch liberalen Zeitgenossen gilt die Homosexualität als aufklärungsbedürftiges Phänomen. Das ist indes weniger selbstverständlich, als es auf den ersten Blick erscheint. Aus der Homosexualität selbst ist der Zwang zur Aufklärung und der Versuch des lückenlosen Nachweises ihrer Grundlagen und Konstitutionsbedingungen nicht zu erklären. Das wird evident schon dadurch, daß für die Heterosexualität vergleichbare Anstrengungen nicht zu vermelden sind.

Fritz Morgenthaler hat die herrschende Selbstverständlichkeit, im Umgang mit der Homosexualität sogleich an deren Ursachen und Konstitutionsbedingungen und damit sich nahezu automatisch verknüpfend an deren Manipulation zu denken, folgendermaßen charakterisiert: „Die Schwierigkeit mit der Homosexualität liegt darin, daß das einzig Spezifische an ihr sexuell zu sein scheint. Das Sexuelle ist nicht weiter teilbar. Es ist eine Erscheinung des Lebenden. Mit der Heterosexualität ist es nicht anders, nur fällt dort die Schwierigkeit weg, weil man gar nicht auf den Gedanken käme, von der Heterosexualität zu sprechen, gäbe es nicht die Homosexuellen."[2] Zurückgewiesen wird damit der törichte Versuch, nach den Ursachen der Homosexualität zu suchen.

Die Homosexualität hat ebensowenig eine spezifische und singuläre Ursache wie die Heterosexualität. Kritisiert wird von Morgenthaler überdies die gängige Reduktion der Homosexuellen auf die Sexualität sowohl im theoretischen als auch im praktischen Umgang mit ihnen. Diese Reduktion drückt sich beispielsweise darin aus, daß in therapeutischen Einrichtungen ein Patient durch den bloßen Hinweis auf seine Homosexualität ausreichend charakterisiert erscheint. Niemanden würde es in solchen Einrichtungen indes einfallen zu sagen: „Ich habe gerade einen Heterosexuellen gesehen." Fiele es dennoch jemandem ein, löste das bloßes Unverständnis und wahrscheinlich die spontane Frage nach den Symptomen oder der Krankheit aus. Bei homosexuellen Patienten bleibt diese Frage nicht selten aus. Das bedeutet nicht weniger, als daß die bloße Homosexualität für das Spezifische, und das heißt wohl für das Symptom, wenn nicht für die Krankheit selbst genommen wird.

Von solchen Reduktionen sind auch originäre psychoanalytische oder der Psychoanalyse entlehnte Theorien nicht frei. Sie führen die manifeste Homosexualität auf spezifische Erfahrungen oder spezifische familiäre Konstellationen in der frühen Kindheit zurück und setzen zumindest implizit einen polaren Gegensatz zwischen der Homosexualität und der Heterosexualität. In zahlreichen psychoanalytischen Arbeiten finden sich Aussagen über bestimmte Mutter-Sohn- oder Mutter-Tochter- oder Vater-Sohn- oder usw.-Beziehungen, die in einen ursächlichen Zusammenhang mit der Homosexualität gebracht werden. Da sollen einerseits die Mütter homosexueller Männer exzessiv liebevoll mit ihren Söhnen umgegangen sein. Andererseits sollen die Mütter homosexueller Patienten abweisender und weniger liebevoll als die Mütter heterosexueller Patienten gewesen sein. Die in der psychoanalytischen Literatur genannten Einstellungen und Verhaltensweisen von Müttern homosexueller Patienten sind indes so vielfältig und unterschiedlich, daß sie nicht dazu taugen, die spezifischen Konstitutionsbedingungen einer homosexuellen Entwicklung zu erhellen. Deshalb ist die Häme, mit der in der unlängst erschienenen Studie „Über sexuelle Orientierung und Partnerwahl"[3] behauptet wird, in der psychoanalytischen Literatur würde jedwede Art mütterlichen Verhaltens dazu herangezogen, die Entwicklung zur manifesten Homosexualität zu erklären, nicht ohne Berechtigung.

Wenn die Psychoanalyse die ungeheuer komplexen Vorgänge und Interaktionen während der primären Sozialisation auf eine bestimmte Mutter-Sohn-Beziehung bzw. Mutter-Tochter-Beziehung reduziert und diese dann auch noch verallgemeinernd als ursächlich für eine homosexuelle Entwicklung ausgibt, folgt sie einem naturwissenschaftlichen Modell von Ursache und Wirkung, das authentischem psychoanalytischen Denken widerspricht. Da wo Psychoanalytiker einem solchen Modell folgen, ist der Schritt zur manipulativen Behandlung der Homosexualität kurz, wovon man sich bei den entsprechenden Autoren überzeugen kann. Zwar hat die manifeste Homosexualität auch nach meiner Auffassung eine individuelle und als solche rekonstruierbare Genese. Diese ist jedoch nicht gleichbedeutend mit der Ursache der Homosexualität. Die Rekonstruktion der Lebensgeschichte fördert bestenfalls ein individuell bedeutsames Bedingungsgefüge zutage, das aber nicht als etwas verstanden werden kann, das die Homosexualität generell und mit Notwendigkeit hervorbringt.

So ist auch die theoretische Annahme, welche die manifeste Homosexualität als eine progressive Verarbeitungsform spezifischer, noch wenig bekannter Konstellationen in der frühen Kindheit versteht, nur dann sinnvoll, wenn gleichzeitig die Homosexualität als eine in *allen* Menschen angelegte Möglichkeit verstanden wird. Eine Entwicklung zum Homosexuellen ist ohne Rückgriff auf diese Annahme jedenfalls nicht zu denken, es sei denn man glaubt, bestimmte Konstellationen in der frühen Kindheit könnten die Homosexualität gleichsam erzeugen.

Um Mißverständnisse zu vermeiden, soll noch einmal in anderen Worten wiederholt werden, was die These von der in allen Menschen angelegten Möglichkeit zur Homosexualität besagt. Mit ihr ist keine wie auch immer angeborene und bereits spezifisch konstellierte homosexuelle Konstitution gemeint. Damit wäre die alte, von Morgenthaler gerügte Teilung des Sexuellen wieder eingeführt. Gemeint ist damit, daß alle Menschen mit einem offenen sexuellen Potential geboren werden, das durch bestimmte Vorgänge in der frühen Kindheit umgeformt wird. Dieser Umformungsprozeß läuft bei später homosexuellen Menschen in spezifischen Bahnen ab, die sich auf einem relativ frühen Entwicklungsniveau in einer Weise organisieren, daß wir von einer Disposition zur Homosexualität sprechen können. Diese wirkende, sehr früh verankerte Disposition verführte viele Beobachter der Homosexuellen, aber auch diese selbst dazu, der Homosexualität eine spezifische biologische Grundlage zu geben, sie, salopp ausgedrückt, als angeboren zu bezeichnen. Das Spezifische der Homosexuellen ist aber nicht deren Biologie, sondern deren psychosexuelle Entwicklung. Zu ihr kommt es unter den entsprechenden Bedingungen auf der Basis einer unspezifischen biologischen Grundlage.

Ein frühes Beispiel für das Unverständnis gegenüber dem, was mit einer homosexuellen Disposition gemeint ist, liefert die Theorie von Magnus Hirschfeld. Dieser hat bis zuletzt die psychoanalytische Vorstellung kritisiert und hartnäckig an der Behauptung festgehalten, die Verknüpfung des Sexualtriebes mit einem bestimmten Sexualobjekt sei angeboren. Als Beleg für seine Auffassung führte er u. a. den spontanen Durchbruch der gleichgeschlechtlichen Empfindung und die bereits im Kindesalter vorhandene Andersartigkeit der später Homosexuellen an. Nun bereitet es nicht die geringsten Schwierigkeiten, diese Phänomene mit der psychoanalytischen Lehre in Einklang zu bringen. Die bereits auf einer frühen Stufe sich spezifisch organisierende Sexualität geht einher mit dem Aufbau einer spezifischen Struktur der Persönlichkeit. Die letztere manifestiert sich früher bzw. ist früher als „andersartig" erkenn- und erlebbar als das rein Sexuelle, ohne daß es dem „heranwachsenden Homosexuellen" oder seiner Umgebung möglich wäre, sie in einen Zusammenhang mit Homosexualität zu bringen. Erst nach der Pubertät, d. h. erst dann, wenn die Disposition zur Homosexualität dadurch offenkundig wird, daß sie nach einem gleichgeschlechtlichen Sexualobjekt verlangt, wird die bereits im Kindesalter vorhandene Andersartigkeit in ihrer spezifischen Bedeutung erkennbar. Niederschläge der homosexuellen Entwicklung lassen sich also bereits längst vor der offenkundigen Manifestation der Homosexualität, also längst vor der bewußten Aneignung des mit der homosexuellen Disposition verlöteten Objekts ausmachen. Seinen Namen erhält das Andersartige jedoch erst nach der bewußten Aneignung des homosexuellen Objekts, also frühestens nach der Pubertät.

Einen empirischen Hinweis für diese Vorgänge hat zuletzt die Studie von Bell und Kollegen „Über sexuelle Orientierung und Partnerwahl" erbracht. Ein in dieser Studie angestellter Vergleich von homosexuellen Männern und Frauen mit ihren heterosexuellen Geschlechtsgenossen im Hinblick auf die Geschlechtskonformität als Heranwachsende brachte deutliche Differenzen zwischen diesen und jenen zutage: Die später homosexuellen Männer beteiligten sich beispielsweise weniger häufig als später heterosexuelle Männer an typischen Jungenspielen oder hatten an solchen Spielen deutlich weniger Spaß als diese. Analoges wird für homosexuelle Frauen berichtet. „Mangelnde Geschlechtskonformität" bei Heranwachsenden erwies sich in dem von den Autoren entwickelten Modell als sehr starker Prädikator für die sexuelle Präferenz der Erwachsenen.[4]

Neben der Bestätigung der These von der differenten Entwicklung der Homosexuellen enthält dieses Ergebnis noch einen anderen bedeutsamen Hinweis. Er besagt, daß die soziale Verfestigung der Homosexualität bereits früher einsetzt, als Reimut Reiche und ich das vor Jahren behaupteten.[5] Wenn „heranwachsende Homosexuelle" bereits früh andere soziale Erfahrungen machen als „heranwachsende Heterosexuelle", muß man auch von einem frühen Zwang zum Anderssein sprechen. „Mangelnde Geschlechtskonformität" wird in unserer Gesellschaft nach wie vor negativ sanktioniert. Das Bild hierfür liefert der Junge, der bei den „typisch männlichen" Sportarten immer am Rande steht und von seinen Sportlehrern ebenso wie von seiner peer-group dort auch noch hingestellt wird. Solche Erfahrungen verfestigen das diffuse Gefühl der Andersartigkeit in einer Weise, daß sie spätestens in der Adoleszenz wie ein Zwang erscheint und auch so erlebt wird.

Wenn es noch eines empirischen Belegs bedurft hätte, mit dem das Gerede, Homosexuelle unterschieden sich von Heterosexuellen nur dadurch, daß die ersteren sich vom gleichen und die letzteren vom entgegengesetzten Geschlecht angezogen fühlen, zurückgewiesen werden kann, dann hätte ihn die Studie von Bell und Kollegen erbracht. Nicht verschwiegen werden sollten jedoch die solchen Forschungsergebnissen inhärenten Gefahren. Wenn es möglich ist, bestimmte, von den Autoren unter das Rubrum ‚mangelnde Geschlechtskonformität' subsumierte Verhaltensweisen mit einiger Wahrscheinlichkeit als Vorhersage einer künftigen Homosexualität zu benutzen, dann ist nicht auszuschließen, daß diese Zeichen zum Anlaß einer frühzeitigen manipulativen Behandlung der Homosexualität genommen werden. Eine solche Verwertung dieser und ähnlicher Forschungsergebnisse würde jedoch der zentralen Erkenntnis von Bell und Kollegen zuwiderlaufen, die besagt, daß die sexuelle Präferenz im Leben ziemlich fest verankert ist und daß die Homosexualität des Erwachsenen das letzte Stadium im Auftreten eines tief eingewurzelten Musters homosexueller Reaktionsfähigkeit darstellt.

Bestätigt haben Bell und Kollegen damit einen Gedanken, der die gesamte von Reimut Reiche und mir vorgelegte Untersuchung über männliche Homosexualität durchzieht und der folgendermaßen formuliert werden kann: Die Disposition zur späteren homosexuellen Objektwahl wird auf der frühesten Entwicklungsstufe verankert. Diese in frühester Kindheit verankerte Disposition ist ein Triebschicksal, das im späteren Leben zur gleichgeschlechtlichen Objektwahl zwingen wird. Solche Einsichten schließen den isolierten und manipulativen therapeutischen Zugriff auf die Homosexualität aus, es sei denn, die Therapeuten nähmen den Zusammenbruch der Persönlichkeit oder deren völlige Verarmung in Kauf. Auch das ist denkbar, was zeigt, daß die homosexuelle Frage nicht wissenschaftlich, sondern nur politisch gelöst werden kann.

Nun befinden sich aber Teile der von Masters und Johnson vorgelegten Studie über Homosexualität im Widerspruch zu dem, was bisher über die tiefe Verankerung der Homosexualität behauptet wurde. Masters und Johnson berichten in dieser Studie nicht nur über die erfolgreiche Anwendung ihrer ursprünglich für Heterosexuelle entwickelten Therapie funktioneller Sexualstörungen auch auf homosexuelle Paare. Sie haben zugleich ein Therapieprogramm für solche homosexuell orientierten Männer entwickelt, „die das Institut aufsuchten, um therapeutisch heterosexuelles Sexualverhalten zu erlangen oder zurückzuerlangen".[6] Zwar sind die Behandlungserfolge hier nicht ganz so günstig wie bei der Therapie funktioneller Sexualstörungen. Es wurde eine „Gesamt-Fehlschlagquote" von 33 Prozent angegeben. Gleichwohl muß eine so hohe Erfolgsrate bei der Behandlung „homosexueller Unzufriedenheit" überraschen, nicht nur im Vergleich mit anderen Therapieverfahren, die das Ziel verfolgen, die Homosexualität zum Verschwinden zu bringen. Diese hohe Erfolgsrate und die relative Leichtigkeit der Transformation der Homosexualität in Heterosexualität läßt sich auch schwer mit der von mir behaupteten Festigkeit der homosexuellen Disposition vereinbaren.

Schaut man sich die homosexuell orientierten Männer aus dem Behandlungsprogramm von Masters und Johnson jedoch näher an, dann zeigt sich folgendes Bild: Es handelt sich bei ihnen um eine hochselektierte Gruppe. Ein hoher Anteil von ihnen hat anderweitige therapeutische Erfahrungen; 60 Prozent waren zum Zeitpunkt der Behandlung verheiratet. Alle anderen hatten eine „zufällige Partnerin". Nur 3 von insgesamt 54 in diesem Programm behandelten homosexuell orientierten Männer erreichten auf der Kinsey-Skala der sexuellen Präferenz den höchsten „Homosexualitätswert". Kurz und salopp ausgedrückt: Die homosexuell orientierten Klienten von Masters und Johnson waren hochgradig heterosexuell bei bisexueller Praxis.

Mir geht es aber nicht so sehr darum, den leichtfertigen Umgang mit dem Prädikat homosexuell bei Masters und Johnson zu kritisieren. Ich möchte vielmehr zum Abschluß auf die unterschiedliche Bedeutung, die die Homosexualität bei homo- und bisexuellen Männern hat, hinweisen.

Männer mit bisexuellem Verhalten unterscheiden sich schon in ihrer äußeren Entwicklung von homosexuellen Männern. Bei ihnen finden sich in Kindheit und Adoleszenz weitaus weniger Anzeichen, die als gefühlsmäßiger Ausdruck einer homosexuellen Disposition interpretiert werden können. Demgegenüber sind genital-homosexuelle Erfahrungen in Kindheit und Jugend für ihre bisexuelle Praxis wahrscheinlich von weitaus größerer Bedeutung. Das drückt sich darin aus, daß in ihrer Selbstwahrnehmung die Homosexualität ihren Ausgang an genital-homosexuellen Erfahrungen nahm. Gefühle, die den genital-homosexuellen Erfahrungen vorausgehen, oder frühe homosexuelle Erregungen lassen sich bei ihnen weitaus seltener bzw. in einem weitaus geringeren Ausmaß nachweisen.[7] Das drängt die Vermutung auf, daß die Homosexualität der bisexuellen Männer tatsächlich in dem Sinne erworben ist, wie die Lerntheorie davon spricht, und gewissermaßen auf einer prädominanten heterosexuellen Entwicklung aufsitzt. Das würde auch erklären, warum eine auf der Lerntheorie basierende Therapieform wie die von Masters und Johnson bei bisexuellen Männern die Homosexualität so erfolgreich zum Verschwinden bringen kann.

Auf bisexuelle Männer ist das, was weiter oben über die homosexuelle Disposition gesagt wurde, jedenfalls nur sehr eingeschränkt anwendbar. Die Kategorie homosexuelle Disposition ist eng mit dem Begriff des Triebes verknüpft und deshalb auch nicht lerntheoretisch zu verstehen. Eine sorgfältige lebensgeschichtliche Rekonstruktion wird deshalb hinter der homosexuellen Präferenz von Erwachsenen eine kohärente spezifische Entwicklung aufzeigen können. Diese kulminiert in der Regel in einer vom Individuum bewußt erlebten homosexuellen Identität. Die Aufgabe, die sich dem Individuum auf der Basis einer solchen Disposition stellt, erfordert bis zu einem gewissen Grade eine Relativierung der heterosexuellen Verhaltenserwartungen. Im gelungenen Fall empfinden Homosexuelle ihre sexuelle Präferenz als eng mit ihren Gefühlen in Kindheit und Adoleszent in Einklang stehend. Homosexuelle Genitalkontakte stellen für sie gleichsam die Brücke zu der diesen vorauseilenden homosexuellen Entwicklungslinie dar. Demgegenüber ist die sexuelle Disposition der Bisexuellen wahrscheinlich prädominant heterosexuell. Die Umformung der Sexualität in der frühen Kindheit scheint bei ihnen nicht jenen Grad von Kohärenz erreicht zu haben, wie das bei homosexuellen Männern der Fall ist. Das mag zu jener „homosexuellen Unzufriedenheit" führen, die sowohl die Motivation, an einem auf heterosexuelle Funktion abzielenden Behandlungsprogramm teilzunehmen, als auch dessen relativ hohe Erfolgsrate verstehbar macht. Für wirklich homosexuelle Männer ist ein solches Behandlungsprogramm weder erforderlich, noch wird es von ihnen gewünscht. Der sorglose Umgang mit dem Prädikat homosexuell verstärkt jedoch ihr Mißtrauen gegen alles Psychotherapeutische und richtet sich schließlich auch gegen Therapieformen, welche die Homosexualität nicht zur Disposition stellen.

Magnus Hirschfeld und das „Jahrbuch für sexuelle Zwischenstufen"

> „Der Mensch kann nicht ohne Rechtfertigung leben und er findet in seinem Bewußtsein immer die Mittel und die Möglichkeit, sich vor sich selbst zu rechtfertigen."
>
> *Jean Genet im Gespräch mit Hubert Fichte*

Am 6. Mai 1933 drangen Studenten der Berliner Hochschule für Leibesübungen in das „Institut für Sexualwissenschaft" ein. Unter den barbarischen Klängen einer Blaskapelle, die vor dem Haus Aufstellung bezogen hatte, zerstörten sie die Einrichtung des Instituts und plünderten dessen Bücherregale. Mehr als 10 000 Bände der wertvollen Bibliothek wurden auf Lastwagen geladen und abtransportiert, um wenige Tage später auf die Scheiterhaufen geworfen zu werden. Neben marxistischer und pazifistischer Literatur galt die sexualwissenschaftliche als bevorzugtes Material für die Bücherverbrennung des 10. Mai 1933.

Vernichtet wurde in jenen Tagen das Lebenswerk des homosexuellen Juden Magnus Hirschfeld, der das Institut im Jahre 1919 gegründet und bis zu dessen Ende geleitet hatte. Ihm, der sich entschieden hatte, von einer internationalen Vortragsreise nicht mehr nach Deutschland zurückzukehren, war, als er in einem Pariser Kino eine Wochenschau mit den Bildern von der Zerstörung seines Instituts sah, als ob er seine eigene Beerdigung mitansehen würde. Der Schlag der Nazis gegen Hirschfeld und sein Institut war ein schrecklicher Anfang. Vom losgelassenen „deutschen Geist" wurde schließlich die gesamte Sexualwissenschaft zerstört, gleichgültig, ob sie kommunistisch und revolutionär wie die „Sozialistische Gesellschaft für Sexualberatung und Sexualforschung", in welcher Wilhelm Reich eine zentrale Rolle spielte, sozialdemokratisch und reformistisch wie das von Magnus Hirschfeld geführte „Wissenschaftlich-humanitäre Komitee", deutschnational und reformunwillig wie die von Albert Moll repräsentierte Richtung oder antisemitisch und gegenaufklärerisch wie das Denken Hans Blühers orientiert war.

Eine Sexualwissenschaft, die der deutschen vor ihrer Zerschlagung durch die Nazis vergleichbar wäre, existiert seither nicht mehr, weder hierzulande noch sonstwo. Was nach dem II. Weltkrieg in der Bundesrepublik und in der DDR wieder aufgerichtet wurde, ist vergleichsweise kläglich. Auch in den Vereinigten Staaten verfügt die Sexualwissenschaft nur auf den ersten Blick über jene Vitalität, von der sie in den ersten drei Jahrzehnten dieses Jahrhunderts in Deutschland angetrieben wurde. Die Nazis haben der Sexualwissenschaft ihre sexualreformerischen Füße abgeschlagen. Seither geht sie auf dem Kopf. Das macht das Denken schwer, worüber man sich mit dem Sammeln und Ordnen von Daten hinweghilft.

Die „Weltliga für Sexualreform", zu deren führenden Mitgliedern Havelock Ellis, August Forel und Magnus Hirschfeld gehörten und auf deren zweitem Kongreß der letztere einen Vortrag mit dem Titel „Sexualreform im Sinne der Sexualwissenschaft" hielt, hat keine Nachfolgerin gefunden. Zwar gibt es seit Ende der siebziger Jahre wieder eine internationale Vereinigung von Sexualwissenschaftlern, die „World Association for Sexology", aber deren Intentionen und die von ihr mitgetragenen jährlich stattfindenden Weltkongresse sind kaum sexualreformerisch zu nennen. Die Weltliga und die von ihr durchgeführten Kongresse zielten ausdrücklich auf die Veränderung der Wirklichkeit. „Grundsätzlich", so schreiben Hertha Riese und J. H. Leunbach im Vorwort des Berichtes vom zweiten Kongreß der Weltliga, „unterschied sich dieser Kongreß von anderen Veranstaltungen, die Wissenschaft zur reinen Grundlage ihrer Erörterung zu machen bestrebt sind, dadurch, daß das Ziel *Wissenschaft nicht um ihrer selbst willen, sondern zum Dienst an der Menschheit* getrieben, immer im Auge behalten wurde. Es war denn auch das Bestreben des Kongresses, nicht mit einer Fülle von neuen Tatsachen aufzuwarten, sondern Tatsachen und Gegebenheiten nach Gesichtspunkten zu ordnen, ihre Einordnung zur Gestaltung des gesellschaftlichen Lebens und der Gesetzesreformen zu bedenken und zu fordern."[1]

Ein solcher Standpunkt galt einigen Sexualforschern schon damals nicht mehr als wissenschaftlich. Ihnen zufolge sollte nur jener Sexualforscher den Ehrentitel eines Wissenschaftlers tragen dürfen, der sich aus der gesellschaftlichen Praxis heraushält. Dafür war man auch bereit, bedeutsame Mitglieder der sexualforscherischen Bewegung zu opfern. Evident wird das an dem Verhältnis der „offiziellen deutschen Sexualwissenschaft" zu Magnus Hirschfeld. Er, dessen Name immer auftaucht, wenn es um ein bemerkenswertes Datum in der Geschichte der jungen Sexualwissenschaft geht, wurde von jenen, die sich als die offiziellen Repräsentanten der deutschen Sexualwissenschaft dünkten, zuerst ins zweite Glied und später vor die Tür gewiesen: Von Hirschfeld wurde im Januar 1908 das erste Heft der „Zeitschrift für Sexualwissenschaft" herausgegeben, von der jedoch nur ein Jahrgang erschien. Als die Zeitschrift im Jahre 1914 mit dem gleichen Titel wieder auf den Markt kam, hießen die Herausgeber Albert Eulenburg und Iwan Bloch, die später von Max Marcuse abgelöst wurden. Mitbegründet wurde von Hirschfeld die erste wissenschaftliche Gesellschaft, die das von Iwan Bloch geprägte Wort „Sexualwissenschaft" in ihren Titeln übernahm. Hirschfeld gehörte in den Anfangsjahren dem Vorstand dieser Vereinigung, der „Ärztlichen Gesellschaft für Sexualwissenschaft und Eugenik", an. Ihr Vorstandsvorsitzender wurde er jedoch nie. Hirschfeld initiierte und leitete die erste internationale sexualwissenschaftliche Tagung, die im Jahre 1921 in Berlin als „I. Internationaler Kongreß für Sexualreform auf sexualwissenschaftlicher Grundlage" durchgeführt wurde. Die nächste sexualwissenschaftliche Tagung, der „I. Internationale Kongreß für Sexualforschung", wurde fünf Jahre später ebenfalls in Berlin abgehalten. Geleitet wurde er von Albert Moll, der sich als Führer der deutschen Sexualforschung apostrophieren ließ. Magnus Hirschfeld wurde zu diesem Kongreß nicht einmal mehr als Referent eingeladen.

Wurde Hirschfeld übergangen, weil er kein besonders origineller Wissenschaftler war? Wohl kaum, denn auf diesem Kongreß sprachen weniger originelle und vor allem weniger bedeutsame Sexualwissenschaftler. Oder wurde er ignoriert, weil man befürchtete, mit dem Auftritt des bekannten Juden Hirschfeld die einsetzende Diskreditierung der Sexualwissenschaft als Wissenschaft von „undeutschem Geist" zu verstärken? Auch das ist nicht sehr wahrscheinlich, denn nahezu alle bedeutenden Sexualwissenschaftler jener Tage waren Juden. Schon eher könnte Neid auf den weithin gerühmten Kollegen das Motiv für die brüskierende Zurückweisung gewesen sein. Ausschlaggebend für die Ausgrenzung von Magnus Hirschfeld aber war seine Homosexualität und sein unermüdlicher Kampf für die Rechte der Homosexuellen.

Moll gibt dann auch unumwunden zu, daß er gemeinsam mit anderen bedeutenden Muckern das Auftreten von Hirschfeld verhindert hat: „Er (Hirschfeld) wurde nicht eingeladen, weil nach bestimmten Äußerungen anzunehmen war, daß bedeutende Persönlichkeiten am Kongreß nicht teilgenommen hätten, wenn Magnus Hirschfeld eine Einladung erhalten hätte. Der Grund ist aber nicht etwa der, daß Herr Magnus Hirschfeld eine radikalere Anschauung vertritt, sondern weil er von sehr vielen ernsten Forschern nicht für einen objektiven Wahrheitssucher gehalten wird, da, wie auch schon jene Tagung vom Jahre 1922[2] zeigt, er bekanntlich nicht voraussetzungslos an die Wissenschaft herantritt, sondern, wie ich früher schon nachgewiesen habe, Agitation und Wissenschaft verwechselt. Außerdem aber sprach gegen eine Einladung von Magnus Hirschfeld dessen *problematische Natur* (Hervorhebung M. D.), über die mir sehr viel Material vorliegt, das ich aber *heute* (im Original hervorgehoben) und ohne Zwang nicht veröffentlichen will."[3]

Den bloßen Reformer hätte man möglicherweise noch auf dem Kongreß geduldet, nicht jedoch den Reformer mit der „problematischen Natur". Aber gerade sie muß man mit dem Reformer zusammendenken. Sie ist das lebensgeschichtliche Agens, das den Reformer antrieb. Die Richtung seines Triebes und nichts sonst bewahrte ihn vor einem völligen Aufgehen in einer zunehmend unkritisch werdenden, ihren reformerischen Auftrag abstreifenden Sexualwissenschaft. Der Wissenschaftler Hirschfeld war jedenfalls nicht weniger positivistisch orientiert als seine sexualforscherischen Widersacher. Er verstand die Sexualwissenschaft als Naturwissenschaft und erteilte ihr den Auftrag, die Experimente, „welche die Natur von selbst in so großer Menge anstellt"[4], zu studieren. Selbst die Liebe war ihm im wesentlichen nichts anderes als „ein komplizierter Reflexvorgang, gleichviel ob es sich um die anfänglichen Stadien unwillkürlichen Gefesseltseins oder um den Endorgasmus handelt. Immer spielt sich der vom Hemmungsmechanismus mehr oder weniger beeinflußte Reflexmechanismus dergestalt ab, daß der sensorische Reiz auf rezeptorischen zentripetalen Nervenbahnen zu den zentralen Ganglien geleitet wird, von wo die

Erregung auf den zentrifugalen motorischen Nervenstrang bis zu den peripheren Muskelenden übergeht, aus deren Kontraktion die sexuellen Handlungen vom ersten Liebesblick bis zur letzten Liebesumarmung resultieren."[5] Wenn Hirschfeld ein „Leben gegen die Zeit"[6] führte, dann nicht als Wissenschaftler. In seinen wissenschaftlichen Ansichten war Hirschfeld unkritisch, auch in denen zur Homosexualität. Unumstößlich war für ihn, daß es sich bei der Homosexualität „um eine ‚tiefinnerliche konstitutionelle' Anlage handelt".[7] In den Experimenten von Steinach, dem es angeblich gelungen war, ursprünglich männliche Meerschweinchen durch das Einpflanzen von Ovarien zu feminisieren und weibliche durch eingepflanzte Hoden zu vermännlichen, erblickte Hirschfeld den Beleg für seine Zwischenstufentheorie. „Hier", so stellt er befriedigt fest, „liegt des Rätsels Lösung (für die Entstehung der Zwischenstufen); denn kann man durch die Einpflanzung männlichen Keimgewebes Tiere mit weiblichen Genitalien maskulieren, und ebenso Männchen durch weibliches Keimgewebe feminieren, so liegt der Schluß sehr nahe, daß das, was der Mensch hier experimentell bewirkt, die Natur auch selbst vollzieht ..."[8]

Auf eine uns heute nur schwer nachvollziehbare Weise scheint der Sexualreformer Hirschfeld von dem Sexualforscher getrennt gewesen zu sein. Sonst hätte doch auch dieser begreifen müssen, daß die ihn so sehr faszinierenden Steinachschen *Experimente* die Bedingung der Möglichkeit enthielten, das, was die Natur von selbst vollzieht, wieder zu korrigieren.

Lebte Hirschfeld noch, würden ihn vermutlich die Hormonforschungen über Homosexualität des Günter Dörner[9] in ähnlicher Weise faszinieren, wie ihn damals die Steinachschen Experimente begeistert haben. Oder hätte auch ihm das Trauma, das seit der Verfolgung und Ermordung der Homosexuellen durch die Nazis auf dem „dritten Geschlecht" liegt, die Augen geöffnet? Gewiß, durch die Verankerung der Homosexualität als angeborene Natur ist diese „schuldlose Schuld, ist Schicksal".[10] Das aber nur im Hinblick auf die alten moralischen Verdikte. Der aufkommenden eugenischen Legitimation der Homosexuellenverfolgung[11], die freilich auf den alten Verdikten aufbaute, hatte die Theorie von Hirschfeld nichts entgegenzusetzen; sie nährte diesen Wahn.

Warum es Hirschfeld nicht möglich war, dies zu erkennen und zu begreifen, in welchem Ausmaß Gesellschaft „Natur" bewertet und in sie eingreift, kann hier nicht völlig geklärt werden. Ihm selbst waren wohl eugenische Gedanken nicht ganz fremd. Schließlich war er Mitbegründer der „Ärztlichen Gesellschaft für Sexualwissenschaft und Eugenik", vor der Rohleder im Jahre 1915 einen apologetischen Vortrag über Eugenik hielt, der mit dem Satz beginnt: „Eugenik ist die Wissenschaft, die bestrebt ist, durch theoretische und praktische Maßnahmen die menschliche Rasse zu verbessern, es ist die Wissenschaft von der ,Rasseveredlung'."[12] In dem posthum von seinen Schülern herausgegebenen Werk „Geschlechtsanomalien" rät Hirschfeld, auf die Eugenik rekurrierend, von der Eheschließung Homosexueller ab: „Jedenfalls verdammt ein Homosexueller, der heiratet, eine gesunde Frau zur Sterilität oder zur Geburt geistesschwacher Kinder. Die gleichen Einwände können gegen Heiraten homosexueller Frauen gemacht werden, und es liegt im Interesse der Rassenpflege, solche Ehen zu verhindern."[13]

Auch wenn es gegen den Wissenschaftler Hirschfeld Vorbehalte gibt, sollte man ihn ohne Herablassung betrachten. Für die andere, die sexualreformerische Seite von Hirschfeld gelten solche Vorbehalte indes nicht. Mit bemerkenswerter Zähigkeit, die auch Angriffen aus den eigenen Reihen standhielt, warb er um die Anerkennung der Homosexuellen. Dem konkreten Homosexuellen und dessen Sexualität galt Hirschfelds tiefstes Interesse. Er zeichnete ihn so ungriechisch, wie er in Wirklichkeit nun einmal ist. Gewiß, er sollte auch lieben dürfen. Vor allem aber sollte er sexuell sein dürfen und zwar so unumwunden wie Heterosexuelle auch. Der Homosexuelle ist bei Hirschfeld kein hochgespannter desexualisierter Homoerot. Auch fallen ihm keine superioren Aufgaben in Staat und Gesellschaft zu, wie sich das Blüher für den homoerotischen Männerhelden dachte. Blüher, aber nicht nur ihm, war dann auch das Subjekt, das Hirschfeld der Homosexualität gab, zu gewöhnlich. Während Blüher vom Durchbruch der männlichen Gesellschaft träumte, hob Hirschfeld die Figur des Homosexuellen ins Bewußtsein von Zeitgenossen und Nachgeborenen, was ungeschmälerte Bewunderung verdient: Da gründet ein Bürgersohn im Jahre 1897, einen Tag nach seinem 29. Geburtstag, die erste Organisation zur Befreiung der Homosexuellen, das „Wissenschaftlich-humanitäre Komitee". Ein Mut, der nicht übermäßig im Masochismus gründete, und wohl auch das Beispiel eines Karl Heinrich Ulrichs, der arm und vergessen in Italien starb[14], bewahrten Hirschfeld davor, zum Märtyrer in eigener Sache zu werden.

Nicht allein und mit einem verzweifelten „Seht her, ich bin's" stellte er sich der homosexuellenfeindlichen Gesellschaft, sondern im Verein mit anderen tat er den Schritt in die Öffentlichkeit. Widerstand, so wußte er, muß man nicht nur ausdrücken, man muß ihn vor allem organisieren. Schon der erste Band des „Jahrbuchs für sexuelle Zwischenstufen unter besonderer Berücksichtigung der Homosexualität", der im Jahre 1899 erschien, konnte mit einer von zahlreichen völlig unverdächtigen Personen unterzeichneten „Petition an die gesetzgebenden Körperschaften des deutschen Reiches" aufwarten. Aufgefordert wurde mit ihr der Gesetzgeber, den § 175 d. R. Str.G.B. „möglichst bald dahin abzuändern, daß ... sexuelle Akte zwischen Personen desselben Geschlechts, ebenso wie solche zwischen Personen verschiedenen Geschlechts (homosexuelle wie heterosexuelle) nur dann zu bestrafen sind, wenn sie unter Anwendung von Gewalt, wenn sie an Personen unter 16 Jahren oder wenn sie in einer ‚öffentliches Ärgernis' erregenden Weise vollzogen werden."[15]

Mit den Jahrbüchern taucht eine literarische Gattung auf, die es vorher nicht gab: die wissenschaftliche Bekenntnisliteratur. In den Jahrbüchern lüfteten Homosexuelle ihr eigenes Geheimnis, entweder unmittelbar oder vermittelt über empirische Forschung. Die Intention war klar: Das verhängnisvolle Vorurteil sollte vom ausgewogenen Urteil, das Nichtwissen vom strahlenden Wissen abgelöst werden. Um das zu erreichen, schauten sich Homosexuelle entweder selbst unter den Rock und erzählten die Wahrheit über sich. Oder man lockerte die Gürtel von Künstlern oder anderen am bürgerlichen Kulturhimmel hoch gehängten Personen und rekonstruierte ihr Geheimnis. Nichts hielt man so sehr dafür geeignet, „das Vorurteil zu beseitigen und einer gerechten Beurteilung Bahn zu brechen, wie die Erkenntnis der Tatsache, daß viele von den Größten der Menschheit diese Anlage besaßen und dadurch nicht im mindesten gehindert wurden, ihren Mitmenschen mehr zu nützen als Tausende und aber Tausende von Normalen".[16] Wenn auch nicht systematisch abgehandelt, so doch aufgeworfen wurde die Frage nach einer homosexuellen Ästhetik oder, allgemeiner gesprochen, nach einer spezifischen homosexuellen Weltsicht: „Und vor allem muß das Gewissen der Redlichen dann geweckt werden, wenn es sich nachweisen läßt, daß die verabscheute und geächtete homosexuelle Veranlagung vielfach geradezu die Grundlage edler und hervorragender Leistungen ist."[17]

Einen solchen Reduktionismus mag man zurückweisen, zumal nur bei dem „höheren Typus der Homosexuellen, dem Edel-Uranier"[18] die Homosexualität so hoch veranschlagt wurde. Schärfer aber ist die gegenteilige Position zurückzuweisen, die von einem solchen Gedanken gar nichts wissen möchte: „Wenn ein Homosexueller dem Analytiker damit kommt", so weist Socarides seine Kollegen an, „daß viele berühmte Männer Homosexuelle sind oder waren, so ist ihm entgegenzuhalten, daß deren Leistungen nicht auf ihrer Homosexualität, sondern auf ihren Fähigkeiten beruhen."[19] Als ob man so ohne weiteres von der Homosexualität abstrahieren könnte! Das Triebschicksal eines Menschen beeinflußt auch sein soziales Schicksal. Wo ein solches überhaupt hervorgebracht werden kann, ist auch noch das künstlerische Produkt von der psychosexuellen Struktur des Produzenten affiziert. Heutzutage klingen solche Sätze trivial. Ohne die Übertreibungen, von denen die biographischen Stücke der Jahrbücher durchsetzt sind, hätten wir zu dieser Trivialität aber nicht so leicht gefunden. Auch können diese Übertreibungen einen höheren Wahrheitsgehalt für sich beanspruchen als das schamvolle Schweigen der Biographen über die Homosexualität berühmter Männer und Frauen und die Verleugnung der Wirkung des Triebschicksals auf deren Leistungen. Taugt einer jedoch nichts, von dem bekannt wird, daß er homosexuell ist, dann wird auch für jene die Homosexualität wirkungsvoll, die deren Bedeutsamkeit für das bürgerlich Anerkannte gerade noch bestritten. Am Schlechten, so lehrt man, hat die Homosexualität Anteil. Mit dem Besseren hat sie indes nichts zu tun.

Richtig gelesen können die Jahrbücher für sexuelle Zwischenstufen nur werden, wenn man sich über derartige Mechanismen im klaren ist. Ihre Texte erschließen sich nur dem, der den Text der Vorurteile und unbedachten Generalisierungen mitliest. Auf diesen antworten die Beiträge der Jahrbücher oft bis ins historische Detail hinein. Der heroische homosexuelle Künstler soll die behauptete Wertlosigkeit der Homosexualität und die mit ihr verschwisterte Haltlosigkeit widerlegen. Der homosexuelle Arbeiter taucht als Figur auf, um das sozialdemokratische Gerede von der Homosexualität als Ausdruck bourgeoiser Dekadenz, welches nach dem Selbstmord von Alfred Krupp aufkam, zu entkräften.[20] Die sorgfältige Studie über den „Uranismus bei den Naturvölkern" widerlegt, daß die Homosexualität ein Zeichen des Verfalls der Zivilisation sei. Die homosexuelle Frau aus einfachen sozialen Verhältnissen verkehrt im Salon einer Geschwitz, womit gezeigt werden soll, daß Homosexualität in allen Familien vorkommt.

Die Jahrbücher sind fortgesetzte Widerlegungen des antihomosexuellen Vorurteils. Als solche und nicht als positive Bilder der Homosexualität sind sie zu lesen. Die in den vorliegenden Band aufgenommenen biographischen Betrachtungen sind immer auch ethnographische Berichte über Reisen in eine fremde Kultur, die sich inmitten der eigenen befindet. Sie sind Versuche der Annäherung an die als fremd erlebten eigenen Anteile. Dabei kommt es zu Irritationen. Gelingt es nicht, diese auszuhalten, kann auch das Andere, das in den Blick des Erkundenden gerät, nicht stehen gelassen werden, ohne es mit dem „Normalen" zu vergleichen. Ein solcher Vergleich verleiht der anderen Welt jedoch Züge einer verkehrten Welt.

In den vorliegenden Texten überwiegt indes die Faszination an dem Entdeckten. Die Fähigkeiten der dargestellten Männer und Frauen werden geradezu gefeiert. Und kaum ein Autor versäumt auf das Paradoxon hinzuweisen, daß deren Fähigkeiten nicht zu trennen sind von deren Unfähigkeit, gemäß den vorgegebenen Bestimmungen der Geschlechter zu leben: Der Urning[21] erscheint sensibler, hingebungsvoller und beweglicher als der „durchschnittliche Mann", weil er über einen „Schuß Weiblichkeit" verfügt. Die homosexuelle Frau gewinnt ihre Autonomie und ihr heroisches Talent, indem sie ein Stück Männlichkeit entlehnt.

Liest man die biographischen Betrachtungen genau, gewinnt man den Eindruck, das Vermächtnis, welches das jeweils entgegengesetzte Geschlecht im Charakter der Männer und Frauen hinterlassen hat, sei bedeutungsvoller als das des gleichen Geschlechts. Dadurch entstehen Bilder, die den homosexuellen Mann femininer und die homosexuelle Frau maskuliner erscheinen lassen, als sie in Wirklichkeit sind. Das hängt mit der in den Texten verwendeten Optik zusammen, die das Differente in den Vordergrund rückt und das Gleiche nur verschwommen abbildet. Ein endgültiges Bild vom dritten Geschlecht, dem die

Jahrbücher gleichsam gewidmet waren, sollte man in den Texten nicht suchen. Ein solches ist schon deshalb nicht zu liefern, weil es kein eigenständiges drittes Geschlecht gibt. Es gibt jedoch andere als die gängigen Möglichkeiten, weiblich und männlich zu sein. Von diesen, keineswegs für Homosexuelle reservierten Möglichkeiten berichten die vorliegenden Texte der Jahrbücher.

Zur strafrechtlichen Behandlung der Pädosexualität

Es gibt keine Handlungsweise, die stärker tabuiert ist als die Pädosexualität.[1] Pädosexuelle Kontakte setzen, wenn sie bekanntwerden, heftige Affekte frei und führen zur sozialen Ausgrenzung der als Verführer Etikettierten. Das gilt heute nicht weniger als vor 15 Jahren. Unter solchen Bedingungen ist es durchaus bemerkenswert, wenn der Sonderausschuß für die Strafrechtsreform sich darum bemüht hat, auch gegenüber der Pädosexualität eine vergleichsweise rationale Haltung einzunehmen. Abzulesen ist dieser Versuch zu einem distanzierten, nicht nur von Affekten geleiteten Umgang mit dem Phänomen Pädosexualität an dem vom Sonderausschuß vorgelegten Fragenkatalog zur Anhörung von Sachverständigen. Die eingeladenen Experten wurden nicht nur zu sozialethischen Stellungnahmen aufgefordert. Vielmehr sollten sie, empirisch begründet, auch zu folgenden Fragen sich äußern:

„Welche Wirkungen sind bei einem Kind (bis zu 14 Jahren) von
a) sexuellen Handlungen eines anderen an dem Kind oder vor dem Kind,
b) dem Strafverfahren wegen eines solchen Vorgangs zu erwarten? Wie hoch ist die Wahrscheinlichkeit eines dauernden Schadens?"[2]

Solchen Fragen fehlt das geläufige Moralisieren im Umgang mit der Pädosexualität. Sie bewegen sich, da sie im Kern auf die Überprüfung eines definierten Schutzgutes, nämlich der „ungestörten sexuellen Entwicklung von Kindern" abzielen, innerhalb der von der modernen Rechtsgutlehre geforderten Rationalität. Ausgegangen wird dabei von einer generalisierten Traumatheorie, die pädosexuellen Handlungen eine so intensive Wirkung auf die kindliche Psyche unterstellt, daß es ihr unmöglich ist, die auf sie einströmenden Reize adäquat zu verarbeiten, was zu Störungen der sexuellen und psychischen Entwicklung führt.

Als Trauma kann ein einmaliges plötzliches Ereignis fungieren. Auch ein einmaliger flüchtiger und oberflächlicher pädosexueller Kontakt kann traumatisierend wirken. Diese Wirkung könnte allein durch die plötzliche Sexualisierung der Beziehung zwischen Erwachsenem und Kind auftreten, wobei die konkrete sexuelle Handlung relativ nebensächlich ist. Es können aber auch mehrere, für sich allein genommen jeweils bewältigbare Ereignisse sich in ihrer Wirkung zu einem Trauma summieren, wobei hier der Beziehungsmodus, in den die Ereignisse eingebettet sind, entscheidend für die traumatische Wirkung sein kann. Welchen Stellenwert die Sexualität innerhalb einer pädophilen Beziehung auch immer haben mag: Eingebettet ist die Sexualität in eine Beziehung, in der ein strukturelles Machtgefälle herrscht und in der nicht nur die psychosexuelle, sondern auch die physische Entwicklung des Kindes hinter der des Erwachsenen zurückbleibt. Diese Bedingungen können traumatisierend wirken, auch dann, wenn die sexuelle Handlung rücksichtsvoll und ohne erkennbare äußere Gewalt durchgesetzt wird.

Solche Vorstellungen stimmen mit der gängigen Traumalehre überein. Sie auf die Pädosexualität anzuwenden, ist deshalb naheliegend, weil es völlig unbestreitbar ist,

a) daß es traumatisch wirkende Ereignisse gibt,

b) daß die Kindheit, wegen des bei Kindern noch unvollkommen entwickelten Abwehrsystems, eine Phase ist, in der es besonders leicht zu Traumatisierungen kommen kann,

c) daß eine sexuelle Handlung an einem Kind *das* exogene Ereignis sein *kann,* das ein Trauma hinterläßt.

Klinische Studien haben das immer wieder zeigen können. Nun sind aber Erkenntnisse, die aus der klinischen Erfahrung stammen, beispielsweise Einsichten aus langjährigen psychoanalytischen Behandlungen, nicht ohne weiteres auf das jeweilige Gesamtphänomen zu übertragen. Die psychoanalytische Klinik hat es immer mit einer hochspezifischen Situation zu tun, in der ein ganz bestimmtes Subjekt mit einer individuellen Lebensgeschichte im Zentrum steht. Stellt sich im Verlaufe einer psychotherapeutischen Behandlung ein exogenes Ereignis als das Moment heraus, das psychische und sexuelle Störungen determinierte, kann dieses Ereignis zwar für das behandelte Subjekt als traumatisches qualifiziert werden, Verallgemeinerungen können daraus jedoch nicht abgeleitet werden. Auch diese Einsicht verdankt sich der klinischen Erfahrung, denn es hat sich gezeigt, daß ein in seinen äußeren Merkmalen übereinstimmendes Ereignis, beispielsweise die Verführung eines Kindes durch einen Erwachsenen, völlig unterschiedliche Auswirkungen haben kann. In einem Fall kann eine Verführung schwere psychische Konflikte auslösen; im anderen Fall kann sie jedoch in einer Weise verarbeitet werden, daß es unangebracht wäre, sie als ein traumatisches Ereignis zu qualifizieren.

Demzufolge scheint es unmöglich zu sein, die Kategorie Trauma generalisierend zu benutzen. Das trifft in dieser Schärfe jedoch nicht zu, wenigstens dann nicht, wenn klar bleibt, welchen Status die Kategorie Trauma normalerweise hat, wenn wir sie generalisierend benutzen. Benutzen wir die Kategorie Trauma in generalisierender Weise, dann hat sie ganz entgegen dem Anschein keine erklärende, sondern lediglich eine deskriptiv-heuristische Funktion. Als solche verwenden wir sie für Ereignisse und Situationen, von denen wir, gewissermaßen aus einem Vorwissen heraus, annehmen, daß ihnen ein hohes Konfliktpotential inhärent ist. Wenden wir die Kategorie Trauma in diesem Sinne auf bestimmte Ereignisse und Situationen an, werden wir gleichsam aufgefordert, immer dann in genauere Untersuchungen einzutreten, wenn ein entsprechendes Ereignis stattgefunden hat und bekanntgeworden ist. Stellt es sich danach heraus, daß ein so verstandenes Ereignis tatsächlich psychische Einschränkungen und Störungen determinierte, dann gewinnt, wenn auch vorerst nur für den genau untersuchten Einzelfall, die Kategorie Trauma einen erklärenden Status. Sollte sich bei wiederholten Untersuchungen zeigen, daß ein bestimmtes Ereignis häufig und mit einer hohen Wahrscheinlichkeit psychische Schäden determiniert, also als Trauma fungiert, dann wäre es berechtigt, gegenüber der Gesamtheit der definierten Ereignisse den Begriff Trauma als erklärenden anzuwenden. Das würde nicht ohne Auswirkungen auf die gesellschaftliche Praxis bleiben. Diese wäre dann in einer Weise zu verändern, daß den Subjekten traumatische Ereignisse erspart bleiben. Über die dafür geeigneten Instrumentarien kann man selbstverständlich streiten. Solange dem Strafrecht eine generelle Schutzfunktion noch unterstellt werden kann, wird man die Kriminalisierung der entsprechenden Handlung als Mittel hierfür nicht ausschließen können.

Mit dem zuletzt Gesagten dürfte die Relevanz der etwas umständlich klingenden Erläuterungen zur Kategorie Trauma für die strafrechtliche Diskussion des § 176 deutlich geworden sein. Der § 176 sanktioniert ein Verhalten, demgegenüber eine starke Neigung besteht, als gewiß zu unterstellen, was doch außerordentlich vage ist: die Schädigung der Kinder. Das drückt sich darin aus, daß im Zusammenhang pädosexueller Handlungen die Kategorie Trauma ungeprüft als erklärende benutzt wird.

Daß der Sonderausschuß sich besann und die Kategorie Trauma in eine hypothetische transformierte, was durch die Fragen an die Sachverständigen geschah, ist bedeutungsvoll, jedenfalls dann, wenn man die Sachverständigenanhörung ernst nimmt. Er hat damit nicht nur riskiert, daß sich die Kategorie Trauma als hypothetisch bestätigt, sondern überdies auch, daß sich die den pädosexuellen Kontakten supponierten Schäden nicht nachweisen lassen. Ein solches Resultat wäre aber nicht weniger relevant für die gesellschaftliche Praxis als das oben erwähnte. Es würde verlangen, auf die generelle Kriminalisierung der Pädosexualität zu verzichten, sofern diese mit dem Schutz vor traumatischen Erlebnissen begründet wird.

Ob die Vorschläge des Sonderausschusses zur strafrechtlichen Behandlung pädosexueller Kontakte und die seit der Strafrechtsreform gültige Fassung des § 176 solchen Überlegungen standhalten, kann nur durch eine Konfrontation mit den Antworten der Sachverständigen auf die zitierten Fragen überprüft werden. Im folgenden werden deshalb die prägnantesten Einsichten zur Wirkung pädosexueller Kontakte auf Kinder aus der Anhörung des Jahres 1970 wiedergegeben:

„Die Annahme einer regelmäßigen Entwicklungsbeeinträchtigung durch frühzeitige Aufnahme heterosexueller Kontakte läßt sich wissenschaftlich nicht begründen." (Schönfelder)[3]

„Nach unseren zahlenmäßig allerdings schlecht zu erfassenden Erfahrungen, resultieren Spätschäden, zumindest bei den nichtaggressiven Fällen, viel weniger aus der Tat als aus dem eng damit verbundenen Schuldgefühl, das viele Kinder nach der Tat belastet, und dieses hängt wiederum von der Reaktion der Umwelt, von der Einstellung zur Tat und zum Täter und von der Einstellung zur Sexualität ab. So kann festgestellt werden, daß das Entstehen oder Nichtentstehen eines Dauerschadens bei nichtgewaltsamen Sexualdelikten an Kindern kaum von dem sexuellen Delikt abhängen kann, sondern ausschließlich von der Reaktion der Erzieher, vom Milieu und von der Umgebungsreaktion." (Lempp)[4]

„Zusammenfassend ist zu betonen, daß es nicht eigentlich das sexuelle Trauma – die Belastung, die Reizung der kindlichen Genitalien, die Exhibition vor ihm und ähnliches – ist, das sich seelisch krankmachend auswirkt: das ist nur vielmehr *ein* Teil des Geschehnisses. Der andere besteht darin, daß das gestörte Vertrauensverhältnis zwischen Eltern oder Beziehungspersonen elterlicher Funktion und dem Kind, die Aufklärung des Kindes und damit seine Beruhigung verhindert ... Eine gute affektive Eltern-Kind-Beziehung immunisiert gegen Erlebnisse, die für das Kind unzeitgemäß sind, weshalb man eine solche Verführungssituation niemals ohne die Untersuchung der Umwelt, z. B. der Einstellung der Eltern zur Sexualität, beurteilen kann." (Mitscherlich)[5]

„Bei Katamnesen werden meist kaum noch psychische Wirkungen festgestellt, bei Einzelfallstudien werden gelegentlich Sexualhandlungen aus der Kindheit für psychische Störungen ursächlich angesehen ... Da die psychischen Reaktionen, die zu anhaltenden Störungen geführt haben, höchst selten lediglich aus einer Ursache erklärt werden können und gleichzeitig die Frage der akuten und dauernden Wirkungen zu klären ist, dürfte es nur in seltenen Fällen möglich sein, psychische Dauerwirkungen als direkte Folge von sexuellen Handlungen zu prognostizieren." (Groffmann)[6]

„Übereinstimmend wird in der Literatur festgehalten, daß zumindest eine lineare Kausalität zwischen solchen Erlebnissen und einer Fehlentwicklung der Persönlichkeit nicht besteht. Die Autoren empirischer Untersuchungen konstatieren darüber hinaus, daß Dauerschäden nicht zu beobachten sind; wenn sich Kinder später fehlentwickeln, wird das sexuelle Trauma bereits als Symptom einer Fehlentwicklung und nicht als deren Ursache gewertet. Ein gesundes Kind in einer intakten Umgebung verarbeitet nichtgewalttätige sexuelle Erlebnisse mit Erwachsenen ohne negative Dauerfolgen." (Schorsch)[7]

„Es scheint unzweifelhaft, daß in Einzelfällen vorübergehende Schlaflosigkeit, neurotische Fehlhaltungen und soziale Anpassungsstörungen resultieren ... Man wird ... wirklich ernsthafte Dauerschäden durch kindliche Sexualerlebnisse, aber konsequenterweise auch solche durch wiederholte Vernehmungen anläßlich eines Strafverfahrens, als geringfügig und wenig nachhaltig ansehen müssen und jedenfalls mit dieser Argumentation die verschiedenen Schutzalter, ja letztendlich den gesamten Jugendschutz nicht begründen können." (Wille)[8]

„Sexuelle Handlungen eines Erwachsenen an einem oder vor einem Kind bewirken, wenn sie ohne Bedrohung und Gewaltanwendung ablaufen, wenn sie im Gegenteil vielleicht gar mit zärtlichen Gesten und Schmeicheleien übertönt sind, an sich keine irgendwie nennenswerten Schäden und haben keine Dauerwirkungen bei einem normal entwikkelten Kind. ... Alle Untersuchungen deuten darauf hin, daß die Zahl der Kinder, die durch das Ereignis als solches – ich meine jetzt, ohne stärkere Gewalteinwirkung – auf die Dauer geschädigt werden, ungewöhnlich klein ist, wenn sich überhaupt ein Schaden nachweisen läßt." (Hallermann)[9]

„Die Wahrscheinlichkeit eines dauernden Schadens ... ist nach meiner Auffassung ... sehr vorsichtig einzuschätzen. Wenn wir unser nach sehr vielen Gesichtspunkten durchuntersuchtes und nachuntersuchtes Forschungsgut übersehen, müssen wir sagen, daß von den 25% Folgen bei Mädchen etwa 4 bis 10% – wobei ich mehr nach 10% hin tendieren möchte – dauernde Schäden gezeigt haben; bei den 35% Knaben mit vorübergehenden Folgen waren es bis zu 4 oder 6%." (Nau)[10]

Jene Sachverständige, die selber empirische Untersuchungen durchgeführt bzw. auf empirische Literatur rekurriert haben, konnten die geläufige Auffassung über die Schädlichkeit pädosexueller Kontakte also nicht bestätigen. Ihren Erkenntnissen zufolge führen gewaltfreie pädosexuelle Handlungen als solche bei Kindern in der Regel nicht zu einem so schweren Trauma, daß deren psychische bzw. sexuelle Integrität dauernd geschädigt wird. Es kann zwar zu vorübergehenden Reaktionen kommen, diese aber führen normalerweise nicht zu schweren Entwicklungsstörungen.

Es ist dem Sonderausschuß selbstverständlich nicht verborgen geblieben, daß durch diese Äußerungen die Legitimation der generellen Pönalisierung pädosexueller Kontakte außerordentlich brüchig wurde. Noch unter dem unmittelbaren Eindruck der vorgetragenen Erkenntnisse kam es in der 30. Sitzung des Sonderausschusses zu einem Dialog zwischen einem seiner Mitglieder und dem Sachverständigen Hanack, in dem das sich abzeichnende Begründungsdilemma thematisiert wurde. Fragend stellte der Abgeordnete Schlee, ein Mitglied der CDU/CSU-Bundestagsfraktion, fest: „Nun haben wir aber gestern und vorgestern wiederholt gehört, daß die Pornographie auf Kinder und Jugendliche eigentlich nicht schädlich wirke, und wir haben auch wiederholt gehört, daß sexuelle Handlungen an Kindern nicht eigentlich das Schädigende sind. Das Schädigende sei meist eigentlich das spätere

Strafverfahren. Dann wäre aber für uns im Ausschuß die Konsequenz, daß wir die Pornographie über die Vorlage des Ministeriums hinaus freigeben müßten. *Es wäre auch vielleicht die weitere Konsequenz, daß wir den § 176 Abs. 1, Nr. 3, unzüchtige Handlungen – heißt es hier noch – mit Personen unter 14 Jahren oder ähnliche Vorschriften streichen müßten.*" (Hervorhebung M. D.)[11,12] Darauf antwortet der Sachverständige Hanack: *„Die ... Frage, die Sie gestellt haben, ist höchst ernst. Wenn es wirklich so sein sollte, daß die Pornographie nicht sozialschädlich ist, wäre es konsequent, sie aus dem Kriminalstrafrecht herauszunehmen. Das gleiche müßte auch bei geringfügig wirkenden Handlungen an Kindern gelten.*" (Hervorhebung M. D.)[13]

Trotz der artikulierten Zweifel an der Legitimität der weiteren Aufrechterhaltung der generellen Pönalisierung hat sich der Sonderausschuß schließlich doch dazu entschlossen, an der Pönalisierung festzuhalten und bei Kindern unter 14 Jahren weiterhin „von einer Beeinträchtigung ihrer Gesamtentwicklung durch sexuelle Handlungen"[14] auszugehen. Eine auch nur annähernd zufriedenstellende Begründung dieser Entscheidung ist in dem Bericht des Sonderausschusses nicht zu finden. Der Sonderausschuß wollte offenbar den Schein von Rationalität wahren und hielt an dem definierten Schutzgut des § 176 StGB, der ungestörten sexuellen Entwicklung, fest. Gleichzeitig setzte er sich jedoch über die Aussagen der Experten hierzu hinweg, die im Kern besagen, daß die sexuelle Entwicklung eines Kindes durch gewaltlose pädosexuelle Erlebnisse normalerweise nicht gestört wird.

Nun läßt uns der Sonderausschuß aber nicht ohne Hinweis auf die möglichen Motive seiner widersprüchlichen Entscheidung. Er versäumt es nämlich nicht, daran zu erinnern, daß „sexuelle Handlungen an oder vor Kindern ... zu den Straftaten (gehören), auf welche die Öffentlichkeit mit besonderer Empörung und mit Abscheu reagiert".[15] Das ist zwar eine durchaus zutreffende Beschreibung des kollektiven emotionalen Umgangs mit der Pädosexualität. Im Zusammenhang mit der Entscheidung des Ausschusses muß man sich allerdings fragen, ob diese antipädosexuellen Affekte den Entscheidungsprozeß nicht außerordentlich wirkungsvoll beeinflußt haben. Das könnte von zwei Seiten aus geschehen sein. Wenn die antipädosexuellen Affekte tatsächlich kollektiv verbreitet sind, muß es auch dem Individuum schwerfallen, sich diesen Affekten zu widersetzen. Das gilt indes auch für den Gesetzgeber, der ja kein Abstraktum ist. Er setzt sich vielmehr aus Individuen zusammen, die, wie andere auch, affektiv reagieren. Andererseits sind die den gesetzgebenden Körperschaften angehörenden Individuen Personen, von denen politisches Gespür bei der Behandlung heikler Gegenstände erwartet wird. Gegénstände aber, die, wie die Pädosexualität, in hohem Grade mit negativen Affekten besetzt sind, werden anfällig für einen opportunistischen, wenn nicht gar demagogischen Gebrauch. Wie dem auch sei: Der Versuch des Sonderausschusses, auch mit der Pädosexualität rational umzugehen, ist schließlich gescheitert, was insbesondere an der Dürftigkeit seiner Argumente für die Aufrechterhaltung der uneingeschränkten Pönalisierung abzulesen ist.

Mit einer gewissen Berechtigung läßt sich gegen die damals vorgetragenen katamnestischen Ergebnisse ebenso wie gegen die inzwischen vorgelegten Resultate zur Schädlichkeit pädosexueller Kontakte einwenden, die angewandten Untersuchungsinstrumente seien zu grob, um eventuelle psychische und sexuelle Beeinträchtigungen kurz- oder langfristiger Dauer adäquat zu erfassen. Solche Einwände gelten insbesondere gegen jene Untersuchungen, die im Wortsinne oberflächig sind, weil sie ausschließlich bewußtseinspsychologisch vorgehen. Manche der katamnestischen Untersuchungen sind überdies methodisch wenig ausgefeilt. Trotz dieser Einwände sind die Resultate der katamnestischen Untersuchungen nicht einfach unerheblich. Wenn nämlich ein Kind pädosexuelle Kontakte allemal traumatisch erleben würde, dann müßten sich zumindest Spuren des Traumas auch mit vergleichsweise groben Untersuchungsinstrumenten nachweisen lassen. Außerdem sind auch die gröberen katamnestischen Untersuchungen, verglichen mit jenen Studien oder Stellungnahmen, in denen Schädigungen entweder behauptet oder supponiert werden, methodisch geradezu subtil angelegt. Bei den letzteren fehlt es nicht nur häufig an empirischer Beweisführung für die aufgestellte Behauptungen, sondern sie sind überdies argumentativ auch noch außerordentlich dürftig.

Diese qualitative Differenz hat ihren Grund im herrschenden sozialpsychologischen Klima. Während den katamnestischen Untersuchungen eine methodische Sorgfalt geradezu aufgezwungen wird, was beispielsweise an der Studie über „Sexualität, Gewalt und psychische Folgen" abzulesen ist, die Baurmann vorgelegt hat[16], brauchen jene, die mit dem Strom schwimmen, sich derlei Mühen nicht zu unterwerfen. Schon die Entscheidung, mit welchem methodischen Instrumentarium auch immer, zu einem bestimmten Zeitpunkt nach dem Auftreten eines pädosexuellen Kontaktes die Wirkung dieses Ereignisses auf die Psyche des Kindes zu erforschen, ist ja von Zweifeln motiviert und insoweit ein Bruch mit der herrschenden Meinung, der nur unverdächtig ist, wer an dem Diktum „Sexuelle Handlungen eines anderen am Kind oder vor einem Kind stören die Sexualreifung"[17] festhält. Wer sich aber Zweifel erlaubt und diese gar empirisch belegen möchte, muß schon sorgfältig vorgehen, um nicht in den Verdacht zu geraten, selber ein Kinderschänder oder doch ein Freund der Kinderschänder zu sein.

In einem solchen Klima fällt es nicht nur Mitgliedern politischer Parteien schwer, die Tendenzen katamnestischer Untersuchungen zu akzeptieren. Auch Wissenschaftler halten lieber an der Vermutung fest, pädosexuelle Erfahrungen seien für Kinder allemal schädlich und zerstörerisch: „Es wurde argumentiert, daß die traumatischen Konsequenzen einer sexuellen Beziehung zwischen einem Kind und einem seiner Eltern bisher nicht überprüft bzw. wirklich bestätigt wurden. Trotzdem ist es wichtig, daran festzuhalten, daß das Fehlen eines zweifelsfreien Nachweises von Schäden in keiner Hinsicht die Annahme oder Phantasie unterstützt, sexuelle Erlebnisse in der frühen Kindheit, insbesondere Inzest, seien der Entwicklung förderlich, verstärkten die psychischen Fähigkeiten oder verbesserten die Anpassungsleistungen. Es wäre deshalb im besten Interesse des Kindes anzunehmen, daß solche Erfahrungen tatsächlich schädigend und beeinträchtigend wirken."[18]

Ein derartiges Beharren auf der Schädlichkeit pädosexueller Kontakte ist weder mit methodischen Einwänden gegen die vorliegenden katamnestischen Ergebnisse noch mit der zutreffenden Feststellung, „die bisherigen Ergebnisse der wissenschaftlichen Diskussion über Verlauf, Kindesreaktion und Dauerfolgen pädophiler Sexualkontakte (seien) außerordentlich widersprüchlich"[19], zu erklären. Wenn nicht einmal die Widersprüchlichkeit der Forschungsresultate ausgehalten werden kann und statt dessen Zuflucht zu einem Gebilde genommen werden muß, das Adorno einmal eine „angesammelte Vorstellungsmasse" nannte[20], stehen die Chancen für aufklärerisch gemeinte Erkenntnisse schlecht. Gleichwohl müssen sie benannt und wiederholt werden. Ableiten lassen sich aus der bisher vorliegenden Literatur zur Frage der Schäden von pädosexuellen Kontakten[21] die in den folgenden drei Thesen zusammengefaßten Ergebnisse:

1. Es konnte bisher nicht nachgewiesen werden, daß gewaltlose pädosexuelle Kontakte generell pathogen auf die psychische und sexuelle Organisation der Kinder wirken.
2. Nichtaggressive pädosexuelle Kontakte wirken häufig nur milde traumatisierend auf die kindliche Psyche.
3. Die Fähigkeit der kindlichen Psyche, solche milden Traumata ohne dauernde Beeinträchtigung der seelischen und sexuellen Funktion zu verarbeiten, ist größer, als dies allgemein angenommen wird.

Diese Thesen bedürfen indes einer weiteren Überprüfung, die insbesondere die geschlechtsspezifischen Differenzen der durch pädosexuelle Kontakte „verursachten" Schäden zu berücksichtigen hätte. Baurmann hat in seiner Studie zeigen können, daß weibliche Opfer von angezeigten Sexualkontakten relativ häufiger als männliche geschädigt waren.[22] Auch bei pädosexuellen Kontakten dürften die Folgen für die Mädchen gravierender und häufiger sein als für Jungen. Das hängt jedoch nicht vornehmlich mit dem Erlebnis eines pädosexuellen Kontaktes als solchem zusammen, sondern damit, daß unter denjenigen, die ein *gleichgeschlechtliches* kindliches Sexualobjekt bevorzugen, sich häufiger Personen befinden, die zu den strukturierten Pädophilen zu rechnen sind. Diese setzen ihre sexuellen Wünsche seltener mit Drohungen und Gewalt durch als Männer, die pädosexuelle Kontakte mit Mädchen haben.

Die Pädosexualität ist indes nicht auf die strafrechtliche Diskussion um den § 176 StGB und die dafür relevante Frage der Schädlichkeit zu reduzieren. In der Sache selbst liegt etwas Prekäres, das auch auf die strafrechtliche Diskussion ausstrahlt und sie so schwierig macht. Das Heikle, das der Pädosexualität anhaftet, wird sofort deutlich, wenn wir versuchen, das Stichwort „sexuelle Selbstbestimmung" auf sie anzuwenden. Es ist üblich, den Kindern die Fähigkeit zur sexuellen Selbstbestimmung abzusprechen, „da sie überhaupt nicht in der Lage (seien), sexuell frei zu entscheiden".[23] Zumeist wird ihre mangelnde

Entscheidungsfähigkeit, wie auch von Trube-Becker, damit begründet, daß Kinder nicht „verantwortungsbewußt oder reif genug sind, um rechtswirksam ihre Einwilligung zum Geschlechtsverkehr zu geben".[24] Damit ist aber das Prekäre, das der Pädosexualität anhaftet, nicht in seinem entscheidenden Punkt getroffen. Zwar sind alle pädosexuellen Kontakte von einer prinzipiellen Ungleichzeitigkeit gekennzeichnet. Diese entstehen aber nicht durch das Gefälle in der Fähigkeit, verantwortungsbewußt zu handeln. Diese Ungleichzeitigkeit wird vielmehr durch die sexuelle Entwicklung konstituiert.

Unter das Stichwort Pädophilie werden, worauf *Schorsch* unlängst hinwies, außerordentlich vielfältige Phänomene subsumiert. Er zählte folgende Möglichkeiten auf, „wie sexuelle Beziehungen zwischen Erwachsenen und Kindern im gesetzlichen Schutzalter zustandekommen können ...: gegenseitige Liebesbeziehungen; erotisierte pädagogische Beziehungen; gewaltlose Verführung von Kindern durch Erwachsene und von Erwachsenen durch Kinder; gewaltsame, vergewaltigungsähnliche Attacken, Gelegenheitshandlungen von sozial unintegrierten Außenseitern, aber auch andere sexuelle Abweichungen, die mehr oder weniger zufällig an Kindern realisiert werden: Exhibitionisten, die sich vorzugsweise vor Kindern entblößen, sadistische Handlungen, die sich des Kindes bedienen; bei der Fixierung auf kleine Kinder findet sich nicht selten eine Tendenz zur Vergegenständlichung und Partialisierung des kindlichen Körpers mit fetischistischen Zügen etc. Oft sind sexuelle Handlungen mit Kindern Ersatz- und Ausweichhandlungen von nicht-devianten Männern, zu denen besondere Gelegenheiten disponieren."[25] Ein Phänomen, das in so heterogener Gestalt auftritt, ist schwer unter einen einheitlichen Gesichtspunkt zu bringen. Das einzig Gemeinsame der verschiedenartigen pädosexuellen Handlungsmuster besteht darin, daß der eine Interaktionspartner in der sexuellen Begegnung erwachsen und der andere noch ein Kind ist. Von dieser Ungleichzeitigkeit sind alle pädosexuellen Kontakte durchdrungen, unabhängig von dem setting, in dem sie stattfinden.

Diese Differenz scheint trivial zu sein, und doch glaube ich, daß sich hinter ihr, betrachtet man sie unter dem Gesichtspunkt der sexuellen Entwicklung, ein qualitatives Moment verbirgt, das, wenn auch zumeist undurchschaut, auch für die emotionalen Irritationen beim Bekanntwerden pädosexueller Kontakte sorgt. Ich möchte deshalb versuchen, diese Differenz nachzuzeichnen, wobei ich das entlang solcher pädosexueller Begegnungen tun werde, bei denen der Erwachsene ein strukturierter Pädophiler ist.[26] Dadurch wird einerseits meine Intention klarer, andererseits sind gerade sexuelle Beziehungen zwischen strukturierten Pädophilen und Kindern in jüngster Zeit häufig als „einvernehmliche Kontakte" dargestellt worden, in die sich weder das Strafrecht noch andere gesellschaftliche Instanzen einzumischen hätten. An der folgenden Darstellung könnte sich dann auch zeigen, ob diese Behauptung einer kritischen Überprüfung standhält.

Sofern es sich bei pädosexuellen Beziehungen wirklich um solche handelt, die den Namen verdienen, und nicht um solche, die wegen der Willkürlichkeit der gesetzlichen Altersgrenzen zu solchen gemacht werden, gibt es innerhalb der Beziehung ein bedeutsames Altersgefälle. Dieses ist qualitativ dadurch gekennzeichnet, daß der eine Partner (das Kind) sich diesseits der Pubertät und der andere (der Erwachsene) sich jenseits der Pubertät befindet.

In der Pubertät kommt es bekanntlich zu einer Reihe von charakteristischen Umgestaltungen in der sexuellen Organisation, von denen die Objektfindung für unseren Zusammenhang von zentraler Bedeutung ist. Mit Objektfindung ist hier die erst nach der Pubertät erreichbare Konturierung des sexuellen Objekts gemeint. Zwar werden die entscheidenden Weichen für die spätere Sexualorganisation schon in der frühen Kindheit gestellt. Aber erst nach der Pubertät erwirbt ein Individuum ein Bewußtsein über seine in der Kindheit präformierte Sexualorganisation. Nicht anders verhält es sich mit der Objektgewinnung in der Pubertät, die, genauer gesagt, eine Objektaneignung ist. In der Pubertät wird das präformierte Sexualobjekt sowohl bewußt als auch endgültig zentriert. Mit dieser bewußten Aneignung des sexuellen Objekts wird auch ein wesentliches Stück der sexuellen Identität angeeignet. Das Individuum beginnt, sich entlang seines Sexualobjektes als heterosexuell, homosexuell, bisexuell oder pädosexuell etc. wahrzunehmen. Für das Sexualleben ist die bewußte Aneignung eines sexuellen Objekts insofern von Bedeutung, als schon aus den Reizen, die vom Objekt ausgehen, und durch die auf das Objekt zielenden Interessen sexuelle Lust gewonnen werden kann. Voraussetzung für diese Objektlust ist demnach die Aneignung des sexuellen Objekts und dessen Integration ins Bewußtsein.

In der pädosexuellen Beziehung aber gibt es nur einen Partner mit solchen Voraussetzungen. In ihr fehlt eine Reziprozität der Objekte, weshalb es auch widersinnig ist, die kindliche Sexualität unter dem Blickwinkel der Pädosexualität zu betrachten. Pädosexuell kann nur der Erwachsene sein. Die Kluft, die zwischen Kind und Erwachsenem im Hinblick auf die Konturierung und Strukturierung des sexuellen Objekts herrscht, bringt es notwendig mit sich, daß dem Kind bei einem sexuellen Kontakt das Sexualobjekt sozusagen aufgedrängt wird. Das wird besonders am Anfang einer pädosexuellen Begegnung deutlich. Während das Interesse des Pädosexuellen am Kind von Beginn an *auch* sexueller Natur ist, kann das beim Kind nicht unterstellt werden. Eindrücklich schildert Brongersma diese Eindimensionalität des sexuellen Interesses, wenn er die Phantasien beschreibt, die spielende Kinder in einem Pädophilen auslösen können: „. . . es war ein so schönes Mädchen, ein so hübscher Junge dabei, daß ich die Anwandlung spürte, das Kind zu mir zu rufen, um ihm, falls es dazu bereit war, den nackten Körper zu liebkosen und ihm und mir den herrlichsten Genuß zu bereiten."[27]

Nicht das Kind, sondern ausschließlich der Erwachsene verspürt einen sexuellen Reiz. Nehmen wir einmal an, der auf diese Weise gereizte Erwachsene gibt seinen Phantasien nach und ruft das Kind zu sich. Nehmen wir ferner an, das Kind folgt dem Ruf des Erwachsenen. Während der letztere bereits sexuelle Lust verspürt und sexuell erregt auf das Eintreffen des Kindes wartet, macht sich das Kind auf den Weg, ohne eine sexuelle Begegnung zu antizipieren. Zwischen dem Erwachsenen und dem Kind herrscht eine Disparität der Wünsche, die nur schwer zu überbrücken ist. Diese Disparität führt dazu, daß der Erwachsene nach dem Eintreffen des Kindes seine sexuellen Wünsche zuerst einmal wieder zurücknehmen muß. Mit großer Anstrengung wird er versuchen, eine Situation herzustellen, die es ihm ermöglicht zu glauben, die Wünsche des Kindes seien mit seinen eigenen kongruent. Dieser Versuch, die schwer überbrückbare Disparität der Wünsche doch zu vereinen, verleiht den pädosexuellen Beziehungen einen ritualisierten und zwanghaften Charakter:

„Aber was kann denn so ein Kind mit einem Erwachsenen anfangen, und was fängt ein Erwachsener mit einem Kind an? Zunächst ist festzustellen, daß in einer pädophilen Beziehung – genau wie in jeder anderen Freundschaftsbeziehung, ob sie nun heterosexuell oder homosexuell oder eben pädophil ist – das freundschaftliche Verhältnis zueinander voran steht. Der Erwachsene führt das Kind aus, geht mit ihm ins Kino, ins Museum. Er liest ihm vor, er spielt mit ihm Mühle oder Mensch-ärgere-Dich-nicht oder Schach, er läßt Platten auflegen, ein Puzzle machen, er geht mit ihm essen, er erledigt seine Arbeit, während das Kind spielt, er hilft dem Kind bei seinen Schularbeiten, repariert sein Fahrrad usw. Und im Rahmen dieser Beziehung, diesem Ganzen, macht das Erotische nur einen Teil aus, er streicht ihm gelegentlich mal über den Kopf, oder das Kind setzt sich bei ihm auf den Schoß, oder die beiden balgen sich im Bett oder nach dem Baden, und in einer solchen Situation bringt ein gegenseitiges Vertrauen die Neigung, weiterzugehen.

Wieviel weiter? Soviel weiter, wie zwei Menschen, die sich nett und interessant finden, gehen können, wobei beide etwas mitbringen, der Erwachsene wie das Kind. Ist das Kind so weit, daß es einen Orgasmus erreichen kann (schon von Geburt an ist manches Kind dazu in der Lage), dann ist die Beziehung des Kindes zu dem Erwachsenen mit darauf gerichtet, diese Befriedigung zu erzielen. Ist das Kind noch nicht so weit, nimmt der Hautkontakt einen wichtigen Platz ein, das Vergnügen zu streicheln ist das, was gesucht wird, die Intimität des Zusammenseins, die Geborgenheit.

Dabei kann natürlich – wenn Kind und Erwachsener in ihrer Beziehung so weit kommen – auch ein Koitus vorkommen, aber es bleibt in einer sehr großen Zahl von Fällen bei einer Beziehung masturbatorischer und streichelnder Art."[28]

Abzulesen ist an dieser Beschreibung der pädosexuellen Beziehung zweierlei. Einerseits spricht aus ihr die gesellschaftliche Verfolgung der Pädosexuellen, durch die sie dazu gezwungen werden, sich als die besseren Väter darzustellen. Andererseits wird die von mir behauptete Ungleichzeitigkeit der sexuellen Organisation und die mit ihr verknüpften Disparität des sexuellen Verlangens in der Beschreibung unverstellt offenbar. Weil der strukturierte Pädophile um diese Differenz weiß, ist er zu dem hohen Maß an Selbstkontrolle gezwungen, von denen der Text zeugt. Der strukturierte Pädophile möchte unter allen Umständen vermeiden, gewalttätig zu erscheinen. Es scheint ihm aber nur schwer zu gelingen, seine diesbezüglichen Zweifel zu beruhigen.

Nur durch die völlige Verleugnung seiner eigenen sexuellen Wünsche vermag er sich selbst zu exkulpieren. Charakteristisch für die grenzenlose Verleugnung der eigenen sexuellen Wünsche ist die in den apologetischen Texten vorherrschende Selbststilisierung der Pädosexuellen als bloße Vollstrecker der sexuellen Wünsche der Kinder. Die Selbstverleugnung der Pädophilen gipfelt in der Behauptung, daß dann, wenn es zu einem sexuellen Kontakt zwischen Kind und Erwachsenem komme, die Initiative in der Mehrheit der Fälle vom Kind ausginge.

Auch der wiederkehrende Verweis der Pädophilen auf die lebendige Sexualität der Kinder und ihre Anlehnung an entsprechende Vorstellungen der Psychoanalyse haben die Funktion, sich selbst als bloße Exekutoren kindlicher sexueller Wünsche zu stilisieren. Die Aneignung der psychoanalytischen Vorstellungen durch die Pädosexuellen ist indes einseitig. Vereinbar mit der psychoanalytischen Lehre ist die von den Pädophilen geübte Kritik an der nach wie vor vorherrschenden ambivalenten Haltung gegenüber der kindlichen Sexualbetätigung. Ihr besonderes Sensorium trügt die Pädophilen auch nicht, wenn sie die fehlende Erotisierung der Beziehungen zwischen Eltern und Kindern bzw. Kindern und Erwachsenen beklagen. Soweit können sie sich zu Recht auf den frühen Freud berufen, der in den „Drei Abhandlungen zur Sexualtheorie" die Weckung des Sexualtriebes beim Kind durch die Zärtlichkeit der Mutter als unerläßlich für die sexuelle Entwicklung bezeichnete: „Sie (die Mutter) erfüllt nur ihre Aufgabe, wenn sie das Kind lieben lehrt; es soll ja ein tüchtiger Mensch mit energischem Sexualbedürfnis werden und in seinem Leben das vollbringen, wozu der Trieb den Menschen drängt."[29] Ohne die Erotisierung der Beziehung zwischen Mutter und Kind, so ist diese Stelle zu lesen, kommt es zu einer Störung der sexuellen Entwicklung. Aus ihr ist aber keineswegs abzuleiten, daß die Kinder von den Müttern oder anderen Erwachsenen als vollgültige Sexualobjekte betrachtet und dementsprechend behandelt werden sollen. Ein solches Zurechtmodeln der psychoanalytischen Theorie der infantilen Sexualentwicklung durch die Pädophilen für ihre eigenen, leicht durchschaubaren Zwecke ist eine Verdinglichung, die überdies töricht zu nennen ist.[30]

Gewiß, die wache infantile Sexualität der Kinder spielt bei ihrer Verführung durch Erwachsene eine bedeutsame Rolle. An sie knüpft der pädophile Erwachsene an. Er interpretiert die Äußerungen der kindlichen Sexualität in der Verführungssituation jedoch in seiner eigenen Sprache. Ferenczi hat in einem Aufsatz mit dem programmatischen Titel „Sprachverwirrung zwischen den Erwachsenen und dem Kind. Die Sprache der Zärtlichkeit und der Leidenschaft" die Verführung als Mißverständnis bezeichnet, das folgendermaßen zustande komme:

„Ein Erwachsener und ein Kind lieben einander; das Kind hat die spielerische Phantasie, mit dem Erwachsenen die Mutterrolle zu spielen. Dieses Spiel mag auch erotische Formen annehmen, bleibt aber nach wie vor auf dem Zärtlichkeitsniveau. Nicht so bei pathologisch veranlagten Erwachsenen ... Sie verwechseln die Spielerei der Kinder mit den Wünschen einer sexuell reifen Person oder lassen sich, ohne Rücksicht auf die Folgen, zu Sexualakten hinreißen."[31]

Ferenczi verkennt keineswegs die erotische Aktivität der Kinder. Er beschreibt ihr Verhalten in der Verführungssituation vielmehr als zärtlich und verführerisch. Auf den ersten Blick scheint seine Beschreibung mit der neueren empirischen Literatur übereinzustimmen, in der die aktive Rolle des Kindes beim Zustandekommen eines pädosexuellen Kontaktes immer wieder betont wird. Doch diese Übereinstimmung ist bloß äußerlich. Das Kind erscheint zärtlich und verführerisch, gewiß. Was aber möchte das Kind damit erreichen? Was ist das Ziel seiner Aktivität? Es möchte, ganz im Gegensatz zu der Behauptung jener Erwachsenen, deren sexuelles Objekt das Kind ist, nicht zum sexuellen Vollzug verführen.

Gewiß, der strukturierte Pädophile sucht die Nähe zu Kindern nicht ausschließlich und primär zum Zwecke der Triebbefriedigung. Er sucht die Nähe zu Kindern, um in ihre Welt, die seiner eigenen Innenwelt entspricht, einzutauchen. Er möchte mit „den Kindern als Kind"[32] leben, um sein eigenes, ihm verhaßtes Erwachsenendasein ungeschehen zu machen. Ihm gelingt es vorübergehend, die zwischen Kindern und Erwachsenen aufgerichtete Schranke zu verleugnen. Im Moment des Gelingens der illusionären Verkennung wird der Pädophile frei von den Konflikten, mit denen sein eigenes Erwachsensein belastet ist, und von der Schuld, die nach seinem Erleben auf dem Erwachsensein überhaupt liegt. Im sexuellen Kontakt mit Kindern aber bleibt der Pädophile der Erwachsene, der er ist, und wird von den Kindern auch so erlebt. Verglichen mit dem kindlichen Genitale verfügt er über einen mächtigen und erwachsenen Phallus, der signifikant der gerade noch verleugneten Differenz zwischen Kindern und Erwachsenen wieder Geltung verschafft.

Die Tragik der Pädosexuellen bestünde demnach darin, nicht hinter die erreichte Organisation ihrer Sexualität zurückgehen zu können. Weil sie erwachsen sind, werden sie gezwungen, Äußerungen der infantilen Sexualität in der ihrer Entwicklungsstufe gemäßen Sprache, d. h. in der Sprache der Leidenschaft zu interpretieren. Weil sie aber auf besondere Weise erwachsen (strukturiert) sind, müssen sie gleichzeitig glauben, zwischen ihnen und dem Kind herrsche auch sexuell eine tiefe Übereinstimmung. Eignet sich das vom Pädophilen geliebte Kind, nach seinem Eintritt in die Pubertät, das ihm gemäße Sexualobjekt an und bricht danach, wie das üblich ist, die sexuelle Beziehung zu seinem erwachsenen Liebhaber ab, ist auch für den Pädophilen nicht mehr zu verkennen, daß zwischen der Sexualität des Erwachsenen und der Sexualität des Kindes eine reale Differenz herrscht. Mit dem Zusammenbruch der illusionären Verkennung dieser Differenz wird offenbar, daß der Erwachsene nie das Objekt des sexuellen Verlangens des Kindes gewesen ist.

Gewaltlos pädosexuelle Begegnungen und Beziehungen sind, trotz der im letzten Absatz erhobenen kritischen Einwände, nichts Monströses. In ihnen mag, zumindest bei den gegenwärtig scharf gezogenen Grenzen zwischen Kindern und Erwachsenen, ein quantitativ größeres Maß an struktureller Gewalt vorherrschen als in anderen erotisch-sexuellen Begegnungen oder Beziehungen. In ihnen mag die an sexuelle Begegnungen anzulegende Idealforderung reziproker Bedürfnisbefriedigung kaum erreichbar sein. In ihnen wird möglicherweise das sexuelle Selbstbestimmungsrecht des kindlichen Partners ständig verletzt. Gemessen an der Wirklichkeit anderer Sexualitäten sind das jedoch nur quantitative Differenzen. Auch in der Ehe wird das sexuelle Selbstbestimmungsrecht der Frau nicht selten in rüder Weise verletzt. Ebenso wird auch innerhalb unverdächtiger sexueller Begegnungen die Reziprozität der sexuellen Bedürfnisbefriedigung oft genug nicht erreicht, mitunter von dem einen Partner nicht einmal intendiert. Das Strafrecht dürfte aber kaum das geeignete Instrument sein, um Idealforderungen dieser Art durchzusetzen.

Die unqualifizierte Pönalisierung der Pädosexualität ist gleichfalls ein ungeeignetes Instrument zur Verbesserung des Binnenklimas in pädosexuellen Begegnungen oder Beziehungen. Im Gegenteil, die strafrechtliche Sanktionierung bringt, neben der vieldiskutierten sekundären Schädigung durch Verhöre und Prozesse, ein Klima in die pädosexuellen Beziehungen hinein, das deren prekäre Dimensionen verstärkt: Die Pönalisierung zwingt den Pädophilen stärker dazu, seinen kindlichen Partner zum abhängigen Mitverschwörer zu machen, als es die soziale Diskriminierung der Pädosexualität allein tun würde. Die Pönalisierung verstärkt ferner die Schuldgefühle der Erwachsenen, mit denen sich das Kind identifiziert. Unbestreitbar führt das zu zusätzlichen psychischen Belastungen der Kinder, die eine sexuelle Beziehung mit einem Erwachsenen haben. Hinzunehmen wäre das nur, wenn der § 176 StGB pädosexuelle Kontakte oder Beziehungen in nennenswertem Ausmaß verhindern würde. Nach allen sexualwissenschaftlichen Erkenntnissen ist das jedoch höchst unwahrscheinlich.

Menschenbild und Sexualwissenschaft

Im Dezember 1975 hat die Vatikanische Kongregation für die Glaubenslehre eine „Erklärung zu einigen Fragen der Sexualethik" veröffentlicht, die der Entfaltung der Sexualität den denkbar engsten Rahmen setzt.[0] Zu dieser Erklärung wurde seinerzeit eine Reihe von kritischen Stellungnahmen, auch von seiten der Sexualwissenschaft, abgegeben. Beides soll hier zum Anlaß genommen werden, über das Verhältnis von Sexualwissenschaft und Anthropologie bzw. Sexualethik nachzudenken. Notwendig scheint mir eine solche Reflexion deswegen, weil ganz allgemein, insbesondere aber innerhalb der Sexualpädagogik eine deutliche Rückbesinnung auf Anthropologie und Moral zu beobachten ist.[1] Nicht eingehen werde ich hier auf die unmittelbar politische Bedeutung des vatikanischen Dokuments. Mit dieser Frage hat sich Günter Amendt[2] auseinandergesetzt und gezeigt, daß dieses Dokument ebenso wie die Enzyklika „Humanae Vitae" und der massive Widerstand der katholischen Kirche gegen eine Fristenlösung des § 218 StGB als Versuch verstanden werden muß, den schwindenden politischen und kulturellen Einfluß der Kirche aufzuhalten.

Bezeichnend für die damals abgegebenen Einsprüche gegen die Erklärung war, daß sie den Charakter von flüchtigen Statements hatten. Es scheint so, als ob man innerhalb der Sexualwissenschaft die in der „Erklärung" aufgeworfenen Fragen und gegebenen Antworten zur Sexualethik für irrelevant erachtete. Dies schlug sich auch in einem Leitartikel der „Sexualmedizin" nieder, in dem die Meinung vertreten wurde, Fragen der Sexualethik seien ein Thema, das die Zeitschrift nur am Rande berühre.[3] In dieser Ansicht drückt sich indes ein elementares Mißverständnis des Faches aus, das daher rührt, daß Sexualwissenschaft immer noch als eine Naturwissenschaft mit sozusagen sozialwissenschaftlichen Einschlüssen, als eine Unterabteilung der Medizin betrachtet und die Sexualität unvermittelt als in der Natur begründet verstanden wird. Das mag zu einem gewissen Gefühl der Erhabenheit über Fragen der Sexualmoral führen. Zumindest scheint man sich aus den genannten Gründen für derlei Fragen nicht zuständig zu fühlen. Infolgedessen beschränkten sich die damals abgegebenen Einsprüche gegen die „Erklärung" im wesentlichen darauf, einige in ihr aufgestellte Behauptungen als „wissenschaftlich" unhaltbar zurückzuweisen. Mehr oder weniger ausdrücklich wurde dabei auf die von der Sexualwissenschaft erhobenen Daten über das Sexualverhalten von Menschen rekurriert. Standen doch die sexualwissenschaftlichen Befunde teilweise in so offensichtlichem Widerspruch zu den von der „Erklärung" erheischten Forderungen, daß nicht zu Unrecht angenommen werden konnte, ein Verweis auf jene würde diese als unangemessen und borniert entlarven. Besonders evident wird die Differenz zwischen moralischer Forderung und sexualwissenschaftlicher Wirklichkeit beim Phänomen „vorehelicher Geschlechtsverkehr". Darf nach der katholischen Sexualethik „jeder Geschlechtsakt des Menschen nur innerhalb der Ehe erfolgen", wobei er überdies noch in die Zeugungsabsicht eingebunden sein soll, so belehren uns die Ergebnisse empirischer Untersuchungen über das Sexualverhalten von Jugendlichen, daß diese Forderungen mit der Wirklichkeit nicht mehr viel gemein haben. „Die traditionelle Begrenzung von Sexualität auf Reproduktion und Ehe wird von Arbeitern und Arbeiterinnen abgelehnt. Nichteheliche und gewollt-infertile sexuelle Aktivitäten sind für sie selbstverständlich und werden von ihnen als notwendig angesehen ... Die überwiegende Mehrheit der untersuchten Arbeiter und Arbeiterinnen ist koituserfahren."[4] Verhalten und Einstellung stimmen in dieser Hinsicht weitgehend überein. An die Stelle der Ehe als Conditio sine qua non für die Aufnahme von Geschlechtsverkehr sind „personale Beziehungen"[5] getreten. Aus diesen Ergebnissen läßt sich mit einigem Recht ableiten, daß die im Widerspruch zur christlichen Sexualethik bzw. traditioneller Sexualmoral stehenden Wertvorstellungen der Jugendlichen weitgehend konsistent sind. Nicht folgern läßt sich jedoch daraus, daß die traditionelle Sexualmoral, wo sie mit Vehemenz vertreten wird und politischen Einfluß zurückgewinnen kann, an den neuen Wertvorstellungen wirkungslos abprallen würde.

Angesichts der klaffenden Lücke zwischen sexualwissenschaftlichen Daten und moralisch Gefordertem könnte man mutmaßen, die Autoren der „Erklärung" hätten die wissenschaftlichen Ergebnisse einfach nicht gekannt. Allein, ich glaube nicht, daß das der Fall war. Aber auch wenn die Autoren Informationslücken gehabt haben sollten, könnte man sich dabei nicht beruhigen. Denn alle gegen die Erklärung abgegebenen und auf bloßen Daten basierenden Einsprüche können die Forderungen, welche sie aufstellt, nicht stürzen, da die „Erklärung" einen prinzipiell anderen Standort als die empirische Sexualforschung hat. Nicht daß die empirischen Daten als Daten nicht akzeptiert würden. Ihnen wird vielmehr nur eine relativ geringe Bedeutung beigemessen, d. h., die in den Daten sich ausdrückenden Tendenzen werden nicht akzeptiert.

Ausdrücklich wird darauf hingewiesen, was die empirische Forschung angeblich vermag und was sie angeblich nicht kann: „Die soziologischen Erhebungen können die Häufigkeiten ... ordnungswidrigen Verhaltens nach den Orten, der Bevölkerung und den Umständen anzeigen. Auf diese Weise können Daten gewonnen werden, aber diese Daten stellen kein Kriterium für die Beurteilung des sittlichen Wertes der menschlichen Handlung dar."[5a] Das hierin sich ausdrückende Denken wendet sich gegen die induktiven Verfahren der empirischen Forschung. Damit stimmt es, formal betrachtet, mit kritischer Sozialwissenschaft überein, die im wesentlichen nicht anders vorgeht, wenn sie sich gegen die in empirischen Daten sich ausdrückende Anpassung an und Konformität mit den gesellschaftlichen Verhältnissen in Begriffen wendet, die sich diesen Vorgängen widersetzen und sie als falsch kritisieren. Freilich vertritt die letztere dabei objektiv andere Interessen. Ihr geht es nicht um die Wiederherstellung des Status quo ante, sondern um die Überwindung des Status quo.

Richtig an dem Einwand der „Erklärung" gegen die datenreichen Erhebungen ist, daß diese in der Tat über den „sittlichen Wert der menschlichen Handlung" nichts aussagen. So wie die empirische Sexualforschung normalerweise gehandhabt wird, ist sie ja auch nicht viel mehr als eine bloße Feststellung dessen, was der Fall ist. Gegen dergleichen „soziale Tatsachen" aber hält die „Erklärung" ihr Verdikt aufrecht: Vorehelicher Geschlechtsverkehr, Masturbation und Homosexualität bleiben, wie verbreitet sie auch immer sein mögen, „ordnungswidriges" Verhalten. Es wird an prinzipiellen Vorstellungen vom Sinn und Zweck menschlicher Sexualität festgehalten, von denen deduziert wird und die einem rein statistischen Begriff von Normalität kritisch gegenüberstehen. Der der „Erklärung" zugrundeliegende Begriff von Normalität bzw. Sittlichkeit ist vielmehr in bestimmten anthropologischen Konstanten verankert.

Eine solche Argumentationsweise aber kann allein mit wissenschaftlichen Daten, sofern darunter eine theorielose Sammlung von Tatsachenmaterial verstanden wird, nicht gestürzt werden. Und so ist die moderne Sexualforschung, soweit sie sich in der Tradition von Kinsey bewegt, was ja weitgehend der Fall ist, eine stumpfe Waffe gegen das besagte Dokument bzw. gegen alle bei einer Anthropologie sich rückversichernden Theorien der Sexualität. Im Zentrum der Kontroversen über „normale" bzw. „sittliche" und „abweichende" bzw. „unsittliche" sexuelle Erscheinungsformen stehen allemal anthropologische Grundannahmen und moralische Vorstellungen. Die moderne Sexualwissenschaft täuscht, da sie auf eine explizite Auseinandersetzung mit Anthropologie und Ethik verzichtet, über deren Lebendigkeit und Einfluß, nicht zuletzt auch auf sie selbst, hinweg. Damit befördert sie die Illusion, als ob jene sozialen Kräfte, die das Wesen der Sexualität in eine dogmatische Form der Heterosexualität zwingen, überwunden wären.

Gleichsam offenen Auges haben Kinsey und seine Mitarbeiter der Sexualwissenschaft einen Status zugewiesen, der sie weitgehend zu einem Datenlieferanten für andere Sparten des arbeitsteilig organisierten Wissenschaftsbetriebes degradiert. Nach dem von ihnen formulierten Ideal der Sexualwissenschaft soll diese sich nicht nur jedes wertenden Zugriffs auf ihr Material enthalten, sondern sie soll auch auf eine Auseinandersetzung mit den das Verhalten wertenden und normierenden Vorstellungen verzichten. Angesiedelt wird Sexualwissenschaft gleichsam über den Dingen, und das heißt über den gesellschaftlichen Verhältnissen. In einem Essay zum „Begriff des Normalen und Abnormen im Geschlechtsverhalten" heißt es: „Weder was wir bis jetzt sagten, noch was wir sagen werden, soll als eine moralische Verurteilung der Geschlechtsperversionen aufgefaßt werden, noch soll es heißen, daß wir diese als eine wünschenswerte Verhaltensweise im Rahmen unserer Gesellschaft ansehen. Mit der Einwendung, daß Recht immer Recht und Unrecht immer Unrecht bleibt, und zwar ohne Rücksicht darauf, welches Tatsachenmaterial über das menschliche Geschlechtsverhalten vorhanden ist, wollen wir nicht streiten."[6]
Anstatt nun auf der Basis der eigenen Ergebnisse eine Kontroverse mit den rigiden anthropologischen und moralischen Vorstellungen, auf

die sie sich beziehen, auszufechten, unterschreiben Kinsey und Mitarbeiter eine Abtretungserklärung für die Interpretation des von der Sexualwissenschaft ans Licht geförderten Tatsachenmaterials: „Wenn es sich um moralische Begründung irgendwelcher religiöser Gebote handelt, ist der Wissenschaftler nicht in der Lage, sich dazu sachverständig zu äußern. Diese Probleme müssen anderen überlassen werden, die es gelernt haben, über ethische Werte und soziale Fragen zu urteilen."[7]

Einer diesem Selbstverständnis gerecht werdenden Sexualwissenschaft bleibt in der Tat kein anderes Betätigungsfeld, als Fakten über Fakten zu sammeln. Ja, sie muß sogar die Hoffnung fallen lassen, irgendwann einmal aus der Gesamtheit der gesammelten Daten eine Theorie entwickeln zu können, die etwas Brauchbares über die menschliche Sexualität aussagt. Hätte eine solche Theorie doch zu ethischen Werten und sozialen Fragen Stellung zu nehmen. Wenn in den vergangenen drei Jahrzehnten, seit denen die moderne Sexualwissenschaft datiert, eine inzwischen fast unübersehbare Menge von Daten erhoben wurde, welche die Informationen über das Sexualverhalten der Menschen beträchtlich erweiterten, ohne jedoch das Wissen um die menschliche Sexualität zu verbreitern, so entspricht das durchaus den von Kinsey formulierten Grundsätzen.

Es mag sein, daß die theoretische Enthaltsamkeit der Sexualwissenschaft, wo sie sich als eigenständiges Fach begreift, ihr gerade deshalb aufgenötigt wurde, um sich als Fach zu etablieren. Auch dürfte das breite Interesse, das sie in ihren Anfängen fand, nicht zuletzt auf ihren Reichtum an Fakten und ihre Armut an Erkenntnis zurückzuführen sein. Dies nämlich machte sie sozusagen disponibel, und es war mitunter schon beeindruckend zu beobachten, wie mühelos sich ihre Ergebnisse von den unterschiedlichsten Interessengruppen vereinnahmen ließen. Gewiß ist keine wissenschaftliche Untersuchung vor Beifall von der falschen Seite gefeit, aber die Sexualwissenschaft hatte dem falschen Zugriff häufig auch wenig entgegenzusetzen. Und es ist wohl auch kein Zufall, daß das Interesse an ihr nachließ, je mehr sie zu einer kritischen Auseinandersetzung mit den exkludierten „sozialen Fragen" fand. Konnte Sexualwissenschaft sich in den Anfängen ihrer Etablierung als Fach – was ihre Befreiung aus der traditionellen Umklammerung durch Psychiatrie, Anthropologie und Psychologie erforderte und infolgedessen auch eine Lösung von dem notorischen Ideologie-verdacht dieser Disziplinen mit sich brachte – noch den Anschein bewahren, neutral zu sein, so wurde ihre aus Angst vor Ideologie geborene theoretische Enthaltsamkeit sehr rasch selbst ideologisch. Hat Sexualwissenschaft doch durch ihre Vorgehensweise das falsche Bewußtsein genährt, als sei in der gegenwärtigen Gesellschaft alles Verhalten gleich bewertet. Besonders eindrucksvoll hat sich das in der Abstraktion von den realen Unterschieden zwischen Homosexuellen und Heterosexuellen in der Kinseyschen Kategorie des heterosexuell-homosexuellen Gleichgewichts niedergeschlagen.

Aus dem soeben Gesagten leitet sich auch der eher kurzatmige kritische Impetus der Sexualforschung ab. Er reicht gerade soweit, als die Sexualforschung durch die von ihr vorgelegten Ergebnisse zeigen konnte, wie außerordentlich verschieden das Sexualverhalten der Menschen ist. Damit geriet sie zwar in faktischen Widerspruch zu den starren Vorstellungen vom Wesen der menschlichen Sexualität und stand auch kritisch den daraus abgeleiteten scharfen Gegensätzen zwischen „normalem" und „pathologischem" Verhalten gegenüber, wie sie in Psychiatrie und Anthropologie bis heute lebendig sind und wie sie sich in besonders drastischer Weise in der vatikanischen Erklärung niederschlagen. Ausgetragen hat die Sexualwissenschaft diesen Widerspruch theoretisch aber höchst unzureichend. Dadurch konnte sich schließlich auch die alte psychiatrische Anthropologie gegen sie behaupten, die nicht zu Unrecht gegenüber der Sexualwissenschaft den Vorwurf erhob, sie denke nicht. Das Denken wurde dagegen von der psychiatrischen Anthropologie in ihrem Fragen nach dem Sinn der menschlichen Sexualität in Anspruch genommen, wie das v. Gebsattel formulierte. Er meinte, die Anthropologie frage „nach dem, was die Sexualforschung der Gegenwart grundsätzlich zu fragen unterläßt, weil eben das reduktive Verfahren der Wissenschaft gewisse Fragestellungen grundsätzlich ausschaltet".[8]

Wenn die These zutrifft, daß die theoretische Abstinenz der Sexualforschung aus dem Interesse sich herleitet, sich als eigenständiges Fach zu etablieren, dann hat sie für das, was sie erreichte, einen hohen Preis bezahlt. Bislang erreichte sie kaum mehr – immer unter der Voraussetzung, daß sie als ein eigenständiges, in sich abgeschlossenes Fach verstanden wird –, als eine Hilfswissenschaft für andere wissenschaftliche Abteilungen zu werden, denen sie ihre Ergebnisse zur Verfügung stellt. Zwei große anthropologische Grundlinien spielen bei der Rezeption, Interpretation und Abwehr sexualwissenschaftlicher Ergebnisse stets noch eine herausragende Rolle.

In der älteren, biologisch orientierten Anthropologie bestimmen starre Vorstellungen von der menschlichen Natur und also auch von der menschlichen Sexualität die Diskussion. Aufgefaßt wird die Sexualität als eine unhistorische, ihrem Wesen nach ewig gleichbleibende Erscheinung. Das ist auch der Standpunkt der vatikanischen Erklärung. Die Kirche hat bestimmten „Vorschriften des Naturgesetzes immer eine absolute und unveränderliche Geltung zuerkannt".[8a] Ausgespielt wird die abstrakte, unveränderliche Natur des Menschen gegen die konkreten, wirklichen Menschen. Eine sich an einer solchen Position orientierende Ethik ist notwendig absolut und verhält sich dem wirklichen Leben der Menschen gegenüber gleichgültig und kalt. Weil das Leben sich aber nun einmal nicht in starre und absolute Moralvorstellungen pressen läßt, muß es folglich, worauf Nietzsche hinwies, von der Moral „beständig und unvermeidlich Unrecht bekommen".[9] Und so wird das Leben selbst vom Gewicht der moralischen Verachtung erdrückt. Ja, es würde, hätten die Menschen nicht gelernt, absoluten moralischen Postulaten zu mißtrauen, „als begehrens-unwürdig, als unwert an sich empfunden werden".[10]

Eine gleichsam säkularisierte Fassung christlicher Anthropologie liegt in der sogenannten anthropologischen Psychiatrie vor, die mit den Namen Strauß, Kunz, v. Gebsattel und in gewisser Weise auch mit dem von Giese verbunden ist.[11] Einer der zentralen Begriffe der anthropologischen Psychiatrie ist der Begriff der „normgemäßen Liebeswirklichkeit". Unter ihr wird eine starre, historischen Veränderungen nicht unterworfene normative Grundstruktur der Sexualität verstanden. Was der katholischen Anthropologie – irrt der Mensch von den als ewig gesetzten Naturgesetzen ab – „schwere Verfehlung" heißt, ist der anthropologischen Psychiatrie – wird von der „normgemäßen Liebeswirklichkeit" abgewichen – eine schwere Destruktion gegen eine als grundsätzlich vernünftig angesehene Ordnungsstruktur. v. Gebsattel zufolge soll es sich bei den Abirrungen von der normgemäßen Liebeswirklichkeit – wobei sich der Blick vor allem auf die sogenannten sexuellen Perversionen richtet – um die Ausschaltung oder Untergrabung dessen handeln, „was die Ordnung und den eigentlichen Sinn des Liebes- und Geschlechtslebens ausmacht".[12]

Den beiden anthropologischen Vorstellungen ist gemeinsam, daß sie im Grunde auf eine ausgeführte Ethik verzichten können. So hält sich auch die Erklärung des Vatikans nicht lange damit auf, nachzuweisen, was am vorehelichen Geschlechtsverkehr, an Masturbation und Homosexualität und warum unsittlich sein soll. Unsittlich sind solche Verhaltensweisen einfach schon deswegen, weil sie von der gesetzten Bestimmung der menschlichen Natur abirren. Auch die anthropologische Psychiatrie kann auf einen Tugendkatalog verzichten, weil alle der „normgemäßen Liebeswirklichkeit" entgegenstehenden Verhaltensweisen gegen die „soziale Natur" des Menschen verstoßen sollen. „Soziale Natur" ist in ihrem Gedankengebäude nicht etwa mit Plastizität und Weltoffenheit des Menschen gleichgesetzt, sondern ein eigentümliches Gebilde, in dem feste und fixierte Verhaltensweisen begründet seien. Ausdrücklich sagt Kunz, „daß jene, die mitmenschlichen Relationen ordnenden Normen primär weder gesellschaftliche, historisch entstandene Forderungen noch ethische Ideale sind, die dem sozialen und geschichtlichen Wandel unterliegen, sondern in der ‚sozialen Natur' des Menschen selbst gründen".[13]

Dieser Anthropologie ist entgegenzuhalten, daß das menschliche Wesen nicht auf eine starre, von Geschichte unbeeinflußte Natur gründet. Denn „das menschliche Wesen ist", wie Marx gegen Feuerbach einwandte, „kein dem einzelnen Individuum innewohnendes Abstraktum. In seiner Wirklichkeit ist es das Ensemble der gesellschaftlichen Verhältnisse".[14] Durch die Auseinandersetzung mit der äußeren Natur, d. h. durch seine Arbeit, verändert der Mensch auch seine eigene Natur. Und so ist das menschliche Wesen kein natürliches, sondern ein geschichtliches. Das bedeutet nichts weniger, als daß die gesellschaftlichen Verhältnisse bis in die innere Struktur der Menschen eingedrungen sind. Von diesen und nicht etwa von in den Seelen der Menschen liegenden Grundbefindlichkeiten wird das Verhalten der Menschen in letzter Instanz geformt und bestimmt.

Daß es keine einheitliche Bestimmung des menschlichen Wesens gibt, wird durch die Geschichte selbst belegt, in der das Verhalten der Menschen außerordentlich verschieden war. Neben vielen anderen

Autoren hat Norbert Elias in seiner Untersuchung „Über den Prozeß der Zivilisation" zeigen können, in welchem Ausmaß die sexuellen Sitten und die Beziehungen von Mann und Frau von der geschichtlichen Entwicklung abhängig sind und wie unterschiedlich die Bestimmungen des „Natürlichen" im Verlaufe der Geschichte jeweils waren. Aufmerksam machte Elias auch auf das Moment des Scheins innerhalb der „sexuellen Befreiung", der von den Vertretern der absoluten Moral unterschlagen wird, um unter dem Titel „Verfall der Sittlichkeit" über die Zügellosigkeit lamentieren zu können.

Veränderungen, die, oberflächlich betrachtet, sich wie eine Befreiung der Sexualität ausnehmen mögen, können sehr wohl auf einer, gemessen am Vorangegangenen, weitaus stärkeren Affektkontrolle, also gewissermaßen auf einer Denaturierung der Menschen beruhen. So schreibt Elias über die nach dem ersten Weltkrieg sich „lockernden" Verhaltensweisen: „Nur in einer Gesellschaft, in der ein hohes Maß an Zurückhaltung zur Selbstverständlichkeit geworden ist und in der Frauen wie Männer absolut sicher sind, daß starke Selbstzwänge und strikte Umgangsetikette jeden einzelnen im Zaume halten, können sich Bade- und Sportgebräuche von solcher Art und – gemessen an vorhergehenden Phasen – solcher Freiheit entfalten."[15] Eine solche Veränderung aber hat mit einer wirklichen sexuellen Befreiung wenig gemein. Ihr liegt, wie Adorno hervorhob, „nicht viel weniger als eine Desexualisierung des Sexus selbst"[16] zugrunde, der indes von der scheinbaren Sexualisierung in den gelockerten Sitten verdeckt wird.

Auch die empirische Sexualforschung setzt, wie unreflektiert dies im Einzelfall auch immer geschehen mag, gegen die in der Anthropologie behauptete einheitliche Bestimmung des Wesens menschlicher Sexualität den konkreten, wirklichen Menschen. Dieser ist in all seinen Äußerungen durch die jeweiligen gesellschaftlichen Verhältnisse sowie durch seine eigene individuelle Geschichte vermittelt. Die aus diesen Vermittlungen sich herleitenden Unterschiede spiegeln sich wenigstens tendenziell in den Klassifikationen der empirischen Sexualforschung wider. Insofern ist die empirische Sexualforschung der Realität näher als die Anthropologie. Allerdings schlägt ihr, da sie sich mit einer Reflexion auf die gesellschaftliche Totalität und auf die individuelle Geschichte so schwer tut, diese Nähe nicht selten um zu einer unkritischen Bestätigung fragwürdiger gesellschaftlicher Entwicklungen.

Eine zweite anthropologische Variante, die auf jene Vorstellungen von der menschlichen Sexualität einen starken Einfluß gewonnen hat, welche auf den ersten Blick weniger starr sich ausnehmen als die bisher skizzierten, geht auf Arnold Gehlen zurück. Gehlen stimmt mit dem historischen Materialismus insoweit überein, daß er den Menschen als ein Kulturwesen bezeichnet, der nicht nur unter biologischen Kategorien beschrieben werden kann, sondern als ein Produkt von Tradition und Zeitlage, d. h. der Geschichte begriffen werden muß.[17] Eine solche Auffassung, so müßte man annehmen, macht eine Anthropologie überflüssig, weil sie diese in Gesellschaftskritik überführt. Indes geht Gehlen gerade den umgekehrten Weg. Er entwickelt eine soziologische Anthropologie, die nicht weniger restriktiv ist als die biologische. Bestimmt wird der Mensch bei Gehlen als „biologisches Mängelwesen", das nicht nur morphologisch außerordentlich primitiv und schlecht in die Umwelt eingepaßt ist. Auch die menschlichen Antriebskräfte sind im Unterschied zu denen der Tiere äußerst diffus. Nicht Instinkte erleichtern dem Menschen die Einpassung in die Welt. Gehlens Mensch ist vielmehr ein „instinktentbundenes" Wesen. Gehlen setzt sich in dieser Hinsicht, vor allem in seinen frühen Schriften, deutlich von Konrad Lorenz ab. Scharf kritisiert er dessen Versuche, den aus der Ethologie stammenden Instinktbegriff auf den Menschen zu übertragen. Der Mensch verfüge im Gegensatz zu dem Tier über außerordentlich plastische Antriebskräfte. Überdies finde sich bei ihm ein konstitutioneller Reizüberschuß. Der von Gehlen entworfene Mensch ist alles in allem ein extrem gefährdetes, geradezu monströs belastetes Wesen, und man muß sich fragen, wie er, so mangelhaft ausgestattet, überhaupt lebensfähig ist. An dieser Stelle führt Gehlen seine zentrale Kategorie, die „Entlastung", ein. Übermäßig be-lastet, ist der Mensch gewissermaßen von Natur aus gezwungen, sich zu entlasten. Zu den Entlastungshandlungen zählt auch die Beherrschung der Affekte. Da das „Unfertigsein" zu den physischen Bedingungen des Menschen, zu seiner Natur gehöre, sei er ein „Wesen der Zucht: Selbstzucht, Erziehung, Züchtung als In-Form-Kommen und In-Form-Bleiben gehört zu den Existenzbedingungen eines nicht festgestellten Wesens".[18] Weil nun aber der Mensch diese Aufgabe auf sich allein gestellt nicht bewältigen kann, braucht es ein oberstes Führungsprinzip der Entlastung, das in den gesellschaftlichen Institutionen verankert wird. Diese liefern dem wegen seines chronischen Antriebsüberschusses chronisch bedürftig bleibenden Menschen nicht nur die unerläßliche Orientierung, sondern sie machen ihn recht eigentlich erst lebensfähig, indem sie sein Innenleben stabilisieren. Infolgedessen wird in der Gerinnung von Normen in den Institutionen ein „anthropologisch elementares Verfahren" erblickt.

Durch seine Theorie verleiht Gehlen den gesellschaftlichen Institutionen und den von ihnen behüteten und durchgesetzten Normen eine Würde, an der jedweder Anspruch nach Legitimation abprallt. Beide sind in sich legitimiert, mehr noch, sie haben gleichsam eine ethische Struktur. Durch die einseitige Bestimmung der Institutionen und Normen als Instanzen der Entlastung und Stabilisierung werden auch das an ihnen erfahrene Leiden der Menschen und die von ihnen erzwungenen Einschränkungen zu etwas generell Notwendigem, letztendlich Wünschbarem. Für Gehlen ist ein Abbau von Traditionen oder der Zerfall von Institutionen ein höchst gefährliches Unterfangen, da er eine „Re-Instinktivierung, den Rückgang in die fundamentale und konstitutionelle Unsicherheit und Ausartungsbereitschaft des Antriebslebens"[19] befürchtet. Wer über eine Kritik an Institutionen und Normen zu deren Aufweichung beiträgt, handelt, seinen Bestimmungen gemäß, letztendlich gegen die Menschen. Es müßten deshalb auch nicht die Menschen gegen die Institutionen geschützt, sondern umgekehrt die Institutionen gegen die Menschen stabilisiert werden, so daß durch die Gewalt, Zuverlässigkeit und Konstanz der Institutionen sprengende Gegenvorstellungen am Ende flügellahm bleiben.

Mit der Anthropologie von Gehlen, die hier nur sehr schematisch wiedergegeben werden konnte, liegt eine Theorie vor, in der einerseits die Weltoffenheit des Menschen und damit der Einfluß der Gesellschaft auf ihn betont wird. Gemessen an der älteren, biologisch ausgerichteten Anthropologie scheint damit ein Verstoß zu einer offenen anthropologischen Position gemacht worden zu sein. Andererseits plädiert diese Anthropologie mit dem Hinweis auf die Natur des Menschen für ein restriktives Normensystem und verleiht institutioneller Gewalt, Triebverzicht und Versagungen einen Rang, der diese aus dem historischen Zusammenhang herauslöst und dem Natürlichen zuschlägt. Dadurch wird sie schließlich zu einer ebenso rigiden Theorie wie ihre Vorgängerin.

Unter Berufung auf Gehlen läßt sich dann auch jedwede restriktive Sexualethik legitimieren. In der Tat sollte man den Einfluß der Anthropologie von Gehlen auf die herrschenden Vorstellungen über Sexualität nicht unterschätzen; seine Kategorien lassen sich bei den unterschiedlichsten Autoren nachweisen. Oft genug wird dabei auf ihn gar nicht mehr verwiesen, was wohl ein entscheidendes Indiz für die Verbreitung seiner Gedanken ist. So wird beispielsweise in einem gegenwärtig in der DDR erscheinenden sexuologischen Lehrbuch, bezugnehmend auf die von Gehlen entwickelte Vorstellung, der Errichtung sexueller Tabus das Wort geredet. Aber auch in der – verglichen mit der „Erklärung der Glaubenskongregation" weniger dogmatisch zu nennenden – christlichen Sexualethik geben die Kategorien von Gehlen die Basis ab, auf der argumentiert wird. Ihren stärksten Einfluß auf die Wertvorstellungen über Sexualität hat die Gehlensche Anthropologie jedoch über die „Soziologie der Sexualität" von Helmut Schelsky gewonnen. In dieser in mehreren hunderttausend Exemplaren erschienenen Arbeit wird mit dem alten, biologisch determinierten Normenbegriff abgerechnet und an seine Stelle ein kultureller Normenbegriff gesetzt.

Daraus folgt nun aber keineswegs eine Relativierung der Absolutheit der Sexualnormen oder ein Zweifel an deren Gültigkeit und damit zusammenhängend eine größere Toleranz gegenüber den von der gesetzten Norm Abweichenden. Im Gegenteil: Aus den von Gehlen geprägten und von Schelsky übernommenen Bestimmungen der Natur des Menschen entspringt die Notwendigkeit der autoritären Verteidigung des in den Normen Tradierten. „Gerade weil die soziale Normierung des Geschlechtsverhaltens zu den grundlegenden Kulturleistungen gehört, wird sie mit Recht in allen Gesellschaften über die biologische Gebundenheit hinaus fixiert und mit allen verfügbaren Mitteln sozialer Sanktionierung und Tabuierung geschützt. In allen Gesellschaften nehmen daher diese Normen mit tiefer Notwendigkeit den Charakter des Absoluten an. Sie werden so absolut gesetzt, damit der Gedanke, sie zu verändern, keine Motivstütze findet, diese Möglichkeit wird vielmehr aus dem Bewußtsein weitgehend ausgeblendet."[20] Verändert haben sich mit dem kulturellen Normenbegriff von Schelsky indes die Schilder auf den Etiketten, die den von der Norm Abweichenden angeheftet zu werden pflegen. Wurden unter der Ägide eines biologischen Normenbegriffes sexuelle Abweichungen als „widernatürlich" gebrandmarkt, werden sie jetzt mit dem Stigma asozial versehen. Irrelevant bleiben dabei die Motive, aus welchen heraus das in den Normen geforderte Verhalten nicht erreicht wurde. Entscheidend bleibt nach den Einsichten von Schelsky, daß durch das objektive Nichterreichen des von den Normen Erheischten eine diesen supponierte höhere soziale Existenzweise verfehlt wird, an der nur jener soll teilhaben können, der sich der „Entfremdung seiner Antriebe ins Institutionelle"[21] unterwirft.

Wenn Anthropologie insofern eine Beziehung zur gesellschaftlichen Praxis hat, als die von ihr gegebenen Deutungen den Umgang mit und die Wertung von Tatsachen unmittelbar beeinflussen, dann wird hier deren Interesse unverstellt offenbar. Die wesentliche Intention der soziologischen Anthropologie ist die Panzerung der Gesellschaft gegen die Kritik an ihrer Irrationalität. Erreicht werden soll das durch die aus der anthropologischen Konzeption abgeleitete Ethik. Diese aber ist nicht nur eine einfache Ethik der Pflicht. Ihr elementares Ethos ist das der blinden Unterordnung unter die gegebenen gesellschaftlichen Zwänge. Nicht die Fähigkeit, sich der gesellschaftlichen Objektivität gegenüber bewußt und kritisch zu verhalten und diese zu verändern, macht nach dieser Anthropologie den Menschen aus, sondern seine Hingabe an die Gesellschaft, seine Bereitschaft, sich der „Subjektivität seiner Triebe und seiner Konstitution"[22] zu entschlagen, mache ihn eigentlich erst zum Subjekt. Umgeschlagen ist einer solchen Anthropologie die Kritik am Rationalismus, der die Person auf das Ich reduzierte und ihre dunkleren, unbewußten Seiten nicht akzeptieren wollte, in einen Irrationalismus, der den bestehenden Widerspruch zwischen Individuum und Gesellschaft stillegen möchte, indem er das Subjekt verschwinden läßt. Statt einer Kritik an den – die Autonomie der Individuen einschränkenden – Verhältnissen wird der Gedanke an ein autonomes Individuum ganz fallengelassen. Damit ist jedwede aufklärerische Intention, wie sie beispielsweise dem Freudschen Postulat „Wo Es war, soll Ich werden" zugrundelag, aufgegeben.

Abprallen müssen an dem totalitären Normenbegriff denn auch die entscheidenden, an alle Normen zu richtenden Fragen nach den über sie vermittelten Inhalten und Interessen. Dieser Dimension der Norm, d. h. ihren konkreten Inhalten, gilt ihre Kritik und nicht etwa der Norm als solcher, also dem kruden Umstand, daß Menschen sich zur Bewältigung ihrer Aufgaben immer neue Normen schaffen. Durch die abstrakte Setzung der Norm als wesentlich „lebensdienlich" sollen gerade die konkreten Inhalte der Norm gegen Kritik immunisiert werden; ebenso verschleiert diese Abstraktion auch die Tatsache, daß Normen – und nicht zuletzt jene die Sexualität modellierenden – der Durchsetzung und Aufrechterhaltung von Herrschaft dienen.

Der Versuch, die Normen gegen Kritik abzudichten, muß freilich scheitern, da die Normen sich nicht vor der abstrakten Natur des Menschen, sondern vor konkreten, lebendigen Menschen zu legitimieren haben. Auf dieses Scheitern geht letztendlich die hier behandelte Anthropologie selber zurück. Denn in gesellschaftlichen Epochen, in denen es zu einer weitgehenden Übereinstimmung zwischen dem von den gesellschaftlichen Institutionen Geforderten und dem Verhalten der Menschen kommt (in Epochen also, in denen die äußere Zucht nahezu undurchschaubar wird, weil sie zur Selbstzucht der Individuen geworden ist, und in denen infolgedessen Gedanken an eine Veränderung der Normen nicht sehr lebendig sind), wäre eine rigide Anthropologie und die aus ihr abgeleitete, allem Hedonismus feindliche Moral überflüssig. Bricht diese Kongruenz jedoch zusammen, die freilich nie vollkommen sein kann, weil der Kampf zwischen lustversprechenden Triebäußerungen und unlustvollen Einschränkungen nie gänzlich stillgelegt werden kann, unterwerfen sich die Menschen also nicht mehr widerstandslos den gesellschaftlichen Institutionen und moralischen Vorstellungen, dann wird die besagte Anthropologie laut ihre Stimme erheben, um den gesellschaftlichen Veränderungen Einhalt zu gebieten.

Eine Sexualwissenschaft, die sich über anthropologische und moralische Fragen erhaben weiß oder sich dafür nicht zuständig fühlt, wird in einen solchen Prozeß aber kaum fruchtbar eingreifen können. Gewiß kann es nicht ihre Aufgabe sein, ihrerseits eine Anthropologie zu entwerfen. Jedoch hätte sie über die herrschenden anthropologischen Theorien und ethischen Werte zu reflektieren und diese mit ihren eigenen Ergebnissen zu konfrontieren, schon deshalb, weil ihre eigenen Ergebnisse von diesen nicht unbeeinflußt bleiben. Damit würde aber nicht nur der ideologische Gehalt anthropologischer Grundannahmen und moralischer Vorstellungen transparent gemacht werden, sondern es würden auch die insgeheimen ideologischen Voraussetzungen der Sexualwissenschaft durchsichtiger. Zu diesen ideologischen Voraussetzungen gehört – gerade da, wo sie scheinbar unbefangen Tatsachenmaterial über das Sexualverhalten sammelt – nicht nur der auf Statistik reduzierte und letztendlich affirmative Begriff der Norm. Hierzu zählt auch der Schein der Neutralität, an dem die Sexualwissenschaft, ihrem eigentümlichen Gegenstand zum Trotz, festhält. Dieser Gegenstand bringt es mit sich, daß das sexualwissenschaftliche Material von dem forschenden Subjekt und dessen „moralischer Grundeinstellung" ebenso organisiert wird wie von den wissenschaftlichen und methodischen Prozeduren. Das Selbstverständnis, Sexualwissenschaft sei Naturwissenschaft, verhindert indes eine Reflexion auf diese Momente ihrer eigenen Bedingung.

Über Therapie und Gesellschaft

Die immense Steigerung der Zahl von Psychoarbeitern in allen möglichen sozialen Bereichen, die Inflation der Therapieformen unter-
schiedlichster Ausrichtung, die zunehmende Psychologisierung gesellschaftlicher Objektivität, wie sie sich in der tendenziellen Auflösung
der Soziologie und ihrer Transformation in Psychologie niederschlägt,
werden von den Kritikern dieser Erscheinungen gerne unter den Stich-
worten „Psychoboom" oder „Psychowelle" zusammengefaßt. Beide
Ausdrücke legen nahe, die unter sie subsumierten Vorgänge für etwas
äußerst Kurzlebiges zu halten, das an uns vorüberziehen wird, wie die
Moden, die plötzlich entstehen und rasch wieder verschwinden. „Ganz
so verwunderlich", schreibt Volkmar Sigusch, „ist die Psychowelle, die
wir gerade erleben, sind der heutige Psychologismus und Therapismus,
das Aufschießen der Psychosekten und Heilsbotschaften nicht . . ."[1] In
auffälligem Kontrast zu diesen so sehr auf den Augenblick abzielenden
Formulierungen steht allerdings, was Sigusch in unmittelbarem An-
schluß daran als Zustandsbeschreibung der Gegenwart folgen läßt:
„Gibt es nicht genug Unglück, die Endzeit zu ersehnen? Gibt es nicht
genug Elend, den Erlöser zu erhoffen? Gibt es nicht genug Schwäche,
einen Halt zu suchen? . . . Gibt es nicht genug Vergesellschaftung, im
Individuellen das Andere zu erzwingen?"[2]

Von nichts weniger als vom trostlosen Elend der Subjektivität wird da
gesprochen. Dieses wird mit geradezu existentiellem Gestus konsta-
tiert und in Zusammenhang mit der Psychowelle gebracht. Wenn aber
der Therapismus als Ausdruck des psychischen Elends der Menschen
verstanden wird, wie das bei vielen Autoren der Fall ist, dann läßt er
sich wohl schwerlich unter Formulierungen zusammenfassen, die ihn
als etwas Ephemeres bezeichnen, es sei denn man begreift die behauptete seelische Verelendung selber als eine ephemere Erscheinung.
   Nun nährt sich der Therapismus, worunter die umfassende psychosoziale Versorgung der Bevölkerung und die allfällige psychotherapeutische Begleitung bei schwierigen Lebensentscheidungen verstanden
werden soll, nicht bloß vom Elend der Menschen, sondern immer auch

noch von ihren Phantasien und Hoffnungen. Daß diese Hoffnungen wabernd und die Phantasien wenig exakt sind, ist dem Therapismus zuerst einmal nicht vorzuhalten. Daß er sie jedoch so beläßt und sie nicht zu konturieren vermag, woraus möglicherweise die Fähigkeit zu politischem Handeln erwüchse, muß ihm dann doch entgegengehalten werden.

Alle psychotherapeutischen Verfahren – sieht man einmal von jenen ab, denen es um die Behandlung vitaler Bedrohung geht – locken mehr oder weniger ausdrücklich damit, „zwischenmenschliche Beziehungen" zu verbessern, „Unmittelbarkeit" und „Sinnlichkeit" wieder in den Vordergrund des Daseins zu stellen, oder, was dann gänzlich politisch klingt, „soziale Kompetenz" zu stärken. Nun scheinen aber gerade jene Verfahren, die sich in ihren Selbstdarstellungen besonders gesellschaftskritisch geben, politisch besonders tote Individuen zu produzieren. Auch von der Kraft der Phantasie ist bei den Anhängern solcher Verfahren nicht mehr allzuviel zu spüren. Das ist so, weil nur eine solche Phantasie kraftvoll bleibt, die sich an der gesellschaftlichen Wirklichkeit reibt. Wer indes monadengleich immer nur in sich hineinhört, wird zuletzt nicht einmal mehr sich selbst hören.

Freilich verweist die Faszination, welche die besonders abenteuerlich anmutenden psychotherapeutischen Verfahren auf die Menschen ausüben, auf den gesellschaftlichen Zustand. Gewinnen sie ihre Faszination doch aus dem von ihnen geschürten Schein, sie stünden außerhalb der geltenden sozialen Zwänge. Aufrechterhalten wird dieser Schein dadurch, daß dergleichen Therapieformen organisatorisch am Rande der Gesellschaft angesiedelt sind, nicht oder noch nicht als ein seriöses Verfahren und damit als eine positiv sanktionierte soziale Institution gelten. Auch das therapeutische Treiben vermag den Anschein zu erwecken, diese Verfahren seien das ganz Andere, gleichsam die Insel der Glückseligen. Indes stehen auch die abenteuerlichsten Therapieformen mitten im Zentrum jener Bewegung, die zu ihrem Resultat die institutionelle Verankerung des Therapismus hat. Das so offenkundig Irrationale befördert nämlich das scheinbar Rationalere. Jedenfalls hätten sich jene psychotherapeutischen Verfahren, die mehr Seriosität für sich in Anspruch nehmen können, kaum so rasch als feste gesellschaftliche Institutionen etablieren können, gäbe es da nicht die berüchtigten Auswüchse und deren begierige Popularisierung.

Die institutionelle Verankerung des Therapismus verläuft ungefähr nach folgendem Muster: Das gesellschaftliche Elend der Menschen wird als psychisches definiert. Dieses Elend tritt massenhaft und teilweise in gefährlicher Weise auf: totale Abkehrung von der Gesellschaft. Bestätigt haben das sowohl epidemiologische Untersuchungen als auch Erscheinungen wie Poona, AA-Kommune und was dergleichen mehr ist. Entsprechend der Definition des Elends als psychisches, können die Mittel, welche die Gesellschaft zu dessen Linderung zur Verfügung stellt, keine anderen als irgendwie psychotherapeutische sein. Weil aber das Elend, wenn auch nicht groß, so doch massenhaft auftritt, können nur solche Verfahren mit Gratifikationen rechnen, in deren Mittelpunkt quantitative Überlegungen stehen. Der Blick richtet sich zunehmend weniger auf das einzelne hochspezifische Individuum und auf spezifische seelische Störungen, sondern nur noch auf planierte Menschen mit planierten Störungen. Alles andere gilt als elitär, fragwürdig und obsolet.

Damit steht nicht im Widerspruch, daß auch die Psychoanalyse neuerdings mit einem hohen gesellschaftlichen Zuspruch versehen ist. Sie läßt sich besser in ein derartiges therapeutisches System integrieren, als sie das selbst glauben mag.

Bewiesen hat sie das dadurch, daß sie sich in allgemeinem Maßstab zum Supervisor für alle möglichen therapeutischen Verfahren organisieren läßt. Das gilt sowohl ganz konkret für die Supervision therapeutischer Praxis als auch im übertragenen Sinne für die Krankheitstheorie. Es gibt wohl kaum ein neuentstandenes psychotherapeutisches Verfahren, das von der Psychoanalyse nicht gelernt hätte und sich nicht gleichzeitig von ihr absetzte. Einer der wiederkehrenden Vorwürfe gegen die Psychoanalyse ist dann auch jener der mangelnden Effizienz im Sinne der quantitativ umfassenden Versorgung der Masse leidender Menschen.

Wie sehr sich unter solchen Bedingungen krankheitstheoretische Überlegungen aus psychotherapeutischen Verfahren verflüchtigen und „die sozialstaatliche Illusion von der möglichen richtigen Versorgung der Bevölkerung"[3] sich in den Vordergrund schiebt, läßt sich an dem Vorwort einer Untersuchung über die Paartherapie sexueller Funktionsstörungen ablesen. Dort heißt es: „Aufgabe dieses Forschungsvorhabens war die Ausarbeitung und Überprüfung einer ökonomischen, allen sozialen Schichten zugänglichen, ambulant durchführbaren Therapie sexueller Störungen."[4] In diesem prominenten Satz geht es nicht einmal mehr unter anderem darum, eine adäquate Behandlung der in Rede stehenden sexuellen Störungen zu finden. Die Qualifizierung des Forschungsvorhabens verbleibt vielmehr im Bereich des Ökonomischen und leicht Handhabbaren, ergänzt durch das Merkmal der Gleichheit. Von den an sexuellen Störungen leidenden Paaren sollen demnach möglichst viele, auf möglichst wirtschaftliche und praktikable Weise erreicht werden.

Es zeigt sich dann auch, daß die Behandlungsmethode selbst, gleichsam durch eine dogmatische Setzung, als das diesen Störungen adäquate Verfahren bestimmt wurde. Folglich konnte in dieser Forschungsarbeit die Behandlungsmethode auch nur auf ihre Effizienz im sozial-politischen Sinne, nicht aber auf ihre Angemessenheit im krankheitstheoretischen Sinne überprüft werden. Untersucht wurde also, ob sich die Methode als ein breit einzusetzendes Behandlungsprogramm eignet. Ist aber aus einer Behandlungsmethode erst einmal ein Behandlungsprogramm geworden, dann ist es außerordentlich schwer, dieses offen gegenüber klinischen Erfahrungen zu halten. Es pflegen dann die Krankheitsbilder oder Störungen dem Behandlungsprogramm und nicht die Methode den Störungen angepaßt zu werden.

Während einmal die einzig gültige Legitimation psychotherapeutischer Verfahren in den von ihr vorgelegten Krankheitstheorien erblickt wurde, scheinen sie gegenwärtig einer solchen Legitimation nicht mehr zu bedürfen. Es herrscht ein Klima, das alles, was irgendwie psychologisch und psychotherapeutisch sich geriert, mit der Aura des Superioren oder zumindest Angemessenen versieht. Wie schlicht in einem solchen Klima die Argumente für die Etablierung einer neuen psychotherapeutischen Form ausfallen dürfen, dafür liefert Ruth C. Cohn ein charakteristisches Beispiel: „Viele Jahre hatte ich ausschließlich mit klassischer Analyse gearbeitet. Dann änderte ich, teils auf der Grundlage eigener Erfahrung, teils unter dem Einfluß neuerer erfahrungsorientierter Methoden meine Technik. Unter dem Antrieb des *tiefgehenden Wunsches* (Hervorhebung M. D.), mehr Menschen psychologisch zu erreichen, habe ich in den letzten fünfzehn Jahren daran gearbeitet, gruppentherapeutische Techniken zu modifizieren und sie in

Schulklassen, Organisationen, Exekutiv- und Mitarbeitergruppen zu verwenden. Eine Anzahl erfahrener Gruppentherapeuten wurde in dieser Methode ausgebildet. Dann gründeten wir ein Lehrinstitut, welches die Aufgabe übernommen hat, diese und andere Methoden, die im Erziehungswesen und in Organisationen nützlich sein können, zu lehren."[5] Diese Schilderung von Ruth C. Cohn gibt in nuce die Richtung wieder, welche die Psychotherapie in den vergangenen Jahrzehnten eingeschlagen hat. Sie ist so erfreulich klar und naiv, daß sie keines Kommentars bedarf.

Eine der gängigen Interpretationen für den Therapismus lautet: „Die Ausweitung der psychosozialen Versorgung ist die gesellschaftliche Antwort auf das gesellschaftliche Phänomen seelischer Verelendung."[6] Unter eher fortschrittlich gestimmten Zeitgenossen wird eine solche Interpretation mit breiter Zustimmung rechnen dürfen. Angesichts dieser Interpretation tun sich aber doch eine Reihe von Fragen auf. Ist diese These so zu verstehen, daß die Ausweitung der psychosozialen Versorgung auf die Ausweitung der seelischen Verelendung zurückzuführen ist? Oder ist die Gesellschaft so permissiv geworden, daß sie sich jetzt auch des seelischen Elends ihrer Mitglieder annimmt? Und ist die Sache mit der seelischen Verelendung eigentlich so klar? Diese Metapher sagt zugleich zu viel und zu wenig aus. Es könnte ja durchaus sein, daß es mit den Seelen der Menschen viel besser bestellt ist, als wir annehmen. Es könnte ebenfalls sein, daß das Elend der Gesellschaft in den psychologischen Ambulatorien behandelt wird, weil diese nicht zuläßt, was die Individuen möchten und erwarten.[7] Solche Fragen pflegen sich psychosoziale Experten indes nicht zu stellen. Die Antworten, die sie auf das Phänomen Therapismus bereithaben, gehen in der Regel in die Richtung der zitierten These. Sie schließen aus der Tatsache der angeschwollenen psychotherapeutischen Behandlungen und Beratungen auf eine tiefgreifende Verschlechterung des seelischen Zustands der Menschen.

Im Gegensatz dazu steht die Ansicht, die Gunter Schmidt, bezogen auf sexuelle Störungen, vertreten hat. Er glaubt nicht, daß die vielfältigen Therapieformen sexueller Störungen darauf zurückzuführen seien, daß sexuelle Störungen heute häufiger vorkämen als früher. „Aber Partnerschaften sind störbarer, verletzbarer durch sexuelle Probleme. Anders ausgedrückt: Sie sind abhängiger von der Sexualität und den mit ihr verbundenen Affekten."[8] In seinen Ausführungen zu dieser These ist dann zwar viel von Illusionen, zu hohen Ansprüchen und pathologischen Erwartungen die Rede. Gleichwohl scheint durch sie immer wieder die, wenn auch gebrochene Vorstellung hindurch, die Sexualität sei in kollektivem Maßstab höher besetzt als vordem. Etwas anderes sagt ja auch die Eingangsthese von ihm nicht aus. Wenn gegenwärtig nämlich sexuelle Störungen ebensoweit verbreitet sind wie früher, sie aber im Gegensatz dazu die Partnerschaften in einem solchen Maß stören, daß um professionelle Hilfe nachgesucht wird, dann haben diese Störungen sich dynamisiert. Das aber bedeutet doch wohl eine höhere Besetzung der Sexualität.

Ganz analog habe ich an anderer Stelle die Paartherapie sexueller Störungen in einen solchen Zusammenhang gebracht. Ich habe das Phänomen der Paartherapie als Hinweis darauf gedeutet, daß sich das Liebesideal der Menschen zu resexualisieren beginne. Ganz anders habe ich jedoch den Akzent des möglichen Scheiterns in diesem Prozeß gesetzt. Ich habe diesen weniger in die Subjekte verlegt, als Gunter Schmidt dies tut. Vielmehr habe ich meinen Blick auf die den Menschen vorgegebenen institutionalisierten Beziehungen gerichtet und gesagt: die Sexualität selbst würde ihre höhere Besetzung schon aushalten, aber diese – und die mit ihr einhergehenden Ansprüche – werden ihr von den auf Dauer gemeinten Beziehungen wieder abgemarktet, oder aber die Beziehungen werden durch die von der höheren Besetzung der Sexualität ausgehenden Dynamik gesprengt.[9] Wenn diese Interpretation nicht völlig abwegig ist, dann ist zu fragen, ob die Paartherapie sexueller Störungen nicht aus dieser ungleichzeitigen Entwicklung ihre besondere Problematik erhält. Mit wem verbündet sie sich objektiv in dieser Situation? Die Paare scheinen nicht zu Unrecht von ihr zu erwarten, über sie den unterbrochenen Strom des sexuellen Begehrens wieder zurückzuerhalten. Sie erwarten das deswegen, weil zumindest immanent die Paartherapie genau das verspricht, einfach durch ihre bloße Existenz. Von ihrem ganzen Arrangement her betrachtet, scheint die Paartherapie sich aber weniger mit dem dynamischen Element, nämlich der Sexualität, als mit dem statischen Element, nämlich der Beziehung, zu verbinden.

Eines der auffälligsten Merkmale in den Reflexionen über die verschiedenen Formen der Psychotherapie ist ihr Mangel an Selbstreflexion. Da wird zwar viel über den Zustand der Gesellschaft oder der Subjekte räsoniert. Aber vor allem dann, wenn solche Reflexionen von Personen stammen, die selbst im therapeutischen Bereich tätig sind, wird der Anschein erweckt, als ob die Psychotherapie nicht selbst längst eine gesellschaftliche Institution sei. Umstandslos wird dann nicht selten der Psychotherapie zugeschrieben, was sie immer weniger ist: subversive Tätigkeit. In einem Reader mit dem bezeichnenden Titel „Neue Formen der Psychotherapie" liest sich das dann so: „Der subjektive Faktor erhält seine Rechte zurück. Psychotherapie wird nicht mehr nur als Reparaturbetrieb des Spätkapitalismus denunziert . . ., es werden vielmehr die befreienden und bewußtseinsfördernden Potentiale erkannt."[10] Wenn etwas zu dem Verhältnis von Therapie und Gesellschaft gesagt wird, dann in diesem Sinne, daß sich Therapie irgendwie positiv auf Gesellschaft auswirkt. Lange überlegt wird, welche Veränderungen in der Gesellschaft abgelaufen sind, welche die Inflation der Psychotherapie erklären könnten. Nimmt man die Psychotherapie jedoch selbst als ein Moment der Gesellschaft, dann läßt sie sich als eine Agentur der Vergesellschaftung beschreiben.

Bereits im Jahre 1953 hielt Th. W. Adorno den Drang nach Vergesellschaftung für etwas, das tendenziell die Individualität aufsaugt. Gleichwohl ließ er noch Nischen gelten, in die die gesellschaftliche Organisation nicht reicht. Er hielt die Individualität zwar für bedroht, glaubte aber, unser Privatleben und unsere Reflexionen seien noch relativ frei von zweckrationaler Vergesellschaftung.[11] Heute würde er das wohl kaum mehr gelten lassen. Wir müssen feststellen, daß in den vergangenen Jahrzehnten unser Privatleben voll von der gesellschaftlichen Organisierung erfaßt wurde. Das ist vor allem abzulesen an der organisierten Verankerung von Psychologie und Psychotherapie. Zu offenkundig ist, daß es nachgerade keine nur irgendwie abzirkelbare seelische Regung mehr gibt, für die nicht ein Bindestrichtherapeut oder Bindestrichberater zuständig wäre. Das aber ist nicht bloßer Ausdruck, gewissermaßen Widerspiegelung der zunehmenden Vergesellschaftung des Privatlebens. Psychologismus und Therapismus waren und sind vielmehr eine treibende Kraft in diesem Prozeß. Die Tatsache, daß es für jedwede seelische Regung spezialisierte Helfer gibt, kann jedenfalls nicht ohne Einfluß auf den Umgang mit Psychischem außerhalb der organisierten Zuständigkeit von Psychologie und Psychotherapie sein. In eine These zusammengefaßt: Mit der Ausdehnung des instrumentellen psychologischen Wissens und der Delegation von Psychischem auf Experten geht eine Einbuße der Fähigkeit der Menschen einher, mit Psychischem in Alltagssituationen umgehen zu können. Was der Psychologie massenhaftes seelisches Elend ist und was sie als etwas unabhängig von ihr selbst Entstandenes begreift, ist in Wahrheit durch sie mitkonstituiert. Den Therapismus gibt es nicht nur, weil die Menschen diese oder jene zur Bewältigung ihres Lebens erforderliche Fähigkeit nicht mehr hätten, wie der Therapismus gerne behauptet, die Menschen haben diese Fähigkeit vielmehr auch deswegen nicht mehr, weil sie durch den organisierten Eingriff in ihre Privatheit entmündigt wurden.

Noch der trivialste Rat eines Psychoexperten gilt heutzutage ungleich mehr als der subtile eines Mitmenschen. Der Psychologe ist zum Träger des Geheimnisses geworden, das die Psychologie vorher den Menschen mit ungeheurem Aufwand entriß. Als solcher ist er jetzt derjenige, der die Lösungen für die quälenden Fragen des Lebens weiß. Um das festzustellen, braucht man nur einmal die Reaktionen von Menschen in Alltagssituationen beobachten, wenn sich einer unter ihnen als Berufs-Psycholog entpuppt. Sogleich wird dieser zum Zauberer verklärt. Ihm wird, wie Füchtner das in einer Rezension in der „Psyche" ausdrückte, eine Zuständigkeit für die „Lösung von Problemen zugetraut, die der einzelne in seinem Privatleben nicht mehr ohne Hilfe zu bewältigen vermag".[12]

Nicht daß solche Bedürfnisse nach Abhängigkeit nicht vorhanden wären. Die Frage ist jedoch – und das ist dann wirklich die politisch entscheidende Frage –, wie in Psychotherapien und Beratungen mit diesen Bedürfnissen umgegangen wird. Daß diese Bedürfnisse gegenwärtig vorschnell befriedigt und die Menschen als schwach und infantil begriffen werden, dürfte außer Frage stehen. Wer Menschen jedoch das Leben lehren möchte, sei es durch Psychotherapien oder Beratungen, sei es durch den 50. Band der Reihe „Leben lernen", treibt deren Enteignung voran. Niemals früher brauchte der Therapeut, gleich welcher Couleur, soviel Kraft zur Selbstreflexion. Er braucht sie, um nicht

widerspruchslos an dem gigantischen System sozialer Kontrolle mitzu-
wirken, welches die Psychologie mit aufgerichtet hat und selbstverges-
sen als Hilfe zur Emanzipation deklariert.

Bemerkungen zur Sexualerziehung

Ob Sexualaufklärung sein soll, ist gegenwärtig nicht mehr ernsthaft umstritten. Kontrovers sind allerdings nach wie vor das Wie, das Wo und das Wann, und zwar sowohl in den sogenannten Fachkreisen als auch in der sogenannten Öffentlichkeit. Vor allem die sexuelle Aufklärung von Kindern und Jugendlichen erregt noch so manches Gemüt. Und doch hat sich gerade auf diesem Gebiet die sexuelle Aufklärung zu dem eigenständigen, wenn auch höchst eklektischen Fach Sexualpädagogik entwickelt. Als Sexualpädagogik, die freilich mehr als sexuelle Aufklärung zu sein beansprucht, verfügt sexuelle Aufklärung über eine mehrjährige Praxis und eine breit entfaltete Literatur. Sexuelle Aufklärung von Kindern und Jugendlichen findet inzwischen im wesentlichen dort statt, wo Freud sie bereits im Jahre 1907 haben wollte: in der Schule. Er hat sie der Schule zugewiesen, weil er in dieser Hinsicht den Eltern nicht viel zutraute. „Die meisten Beantwortungen der Frage ‚wie sag's ich meinem Kinde?' machen mir wenigstens einen so kläglichen Eindruck, daß ich vorziehen würde, wenn die Eltern sich überhaupt nicht um die Aufklärung bekümmern würden."[1]

Die Schule sollte nach den Vorstellungen von Freud „die großen Tatsachen der Fortpflanzung" zuerst an Beispielen aus der Tierwelt darlegen, um dann über die spezifisch menschlichen Verhältnisse des Geschlechtslebens und dessen soziale Bedeutung zu den „sittlichen Verpflichtungen, welche an die Ausübung des Triebes geknüpft sind", zu kommen.[2]

Das sexualpädagogische Programm Freuds, wenn man seinen offenen Brief „Zur sexuellen Aufklärung der Kinder" denn so nennen will, war recht bescheiden. Die Notwendigkeit zur sexualpädagogischen Unterweisung ergab sich für ihn einfach aus dem hochgespannten sexuellen Interesse von Kindern und Jugendlichen und aus den Fragen, welche diesem entspringen. Die Furcht, durch sexuelle Aufklärung das Interesse der Kinder an Sexualität zu früh zu wecken, die auch heutzutage noch in manchen Köpfen herumgeistert, hielt Freud für gegenstandslos. Sein Plädoyer für einen sexualpädagogischen Unterricht baute auf gegenteiligen Befürchtungen auf. Nicht die Antworten auf Fragen nach dem Geschlechtlichen verstärkten das Interesse an Sexualität. Dies würde vielmehr durch das verklemmte Schweigen auf solche Fragen erreicht. In voller Übereinstimmung zitiert Freud einen inzwischen vergessenen Autor, der meinte: „Gerade die Geheimnistuerei, womit das dennoch Begriffene von den Eltern behandelt wird, erhöht das Verlangen, mehr zu wissen. Dieses Verlangen, nur zum Teil befriedigt, erhitzt das Herz und verdirbt die Phantasie ...“[3] Einige Abschnitte später sagt Freud das gleiche mit eigenen Worten: „Die Neugierde des Kindes wird dann nie einen hohen Grad erreichen, wenn sie auf jeder Stufe des Lernens die entsprechende Befriedigung findet.“[4] Freud war also durchaus daran gelegen, wie aus dieser auffälligen Wiederholung abgeleitet werden kann, die Sexualität in geordnete Bahnen zu lenken. In diese Richtung weist auch der in dem kurzen Beitrag wiederholt auftauchende Verweis auf die ethischen Pflichten, welche mit dem Geschlechtlichen zusammenhängen. Eine Möglichkeit zur richtigen Bahnung der Sexualität schien Freud in der sexualpädagogischen Unterweisung an Schulen zu erblicken.

Nicht nur die Auffassung Freuds legt nahe, die schließliche Integration der Sexualpädagogik in die Schulen als Übernahme der sittlichen Unterweisung von Kindern und Jugendlichen durch den Staat zu interpretieren. Tatsächlich verfügt der Staat mit dem Fach Sexualpädagogik über ein Instrument zur direkten Kontrolle der sexuellen Erziehung. Was er vordem nur mittelbar beeinflussen, nicht aber unmittelbar kontrollieren konnte, befindet sich jetzt in seiner Regie. Mit der Integration der Sexualerziehung in die Schulen ist eine Ausdehnung staatlicher Macht verknüpft. Schulische Sexualerziehung ist ein Instrument zur Sicherung von Herrschaft. Gesichert wird diese nicht durch Unterdrückung, sondern über die codifizierte Rede.

Mit einer solchen Interpretation verträgt sich das Selbstverständnis der modernen Sexualpädagogik, die sich ja als „emanzipatorisch“ und „nicht-repressiv“ begreift, indes recht schlecht. Auch die Tatsache, daß aus dem Lager progressiver Sexualpädagogen Erleichterung, zeitweise sogar Jubel über die Einführung der Sexualpädagogik an Schulen zu vernehmen war, widerspricht dieser Auffassung. Manchen Sexualpädagogen scheint aber der emanzipatorische Elan den Blick für die Wirklichkeit getrübt zu haben. Wie sonst läßt es sich erklären, daß eine durchaus fortschrittliche Autorengruppe die schulische Sexualerziehung in einem Atemzug mit der Revision des § 218 StGB, der Modifikation des § 175 StGB und der Reform des Scheidungsrechts nennt und all das unter den Vorgang ,sexuelle Liberalisierung' subsumiert?[5] Die Institutionalisierung der Sexualpädagogik ist aber von der Reform des Sexualstrafrechts zu unterscheiden. Während der zuletzt genannte Vorgang ein teilweiser Rückzug des Staates aus der Sphäre des Sexuellen darstellt, geht mit der Einführung der Sexualerziehung an Schulen eine in Rahmenrichtlinien und Lehrplänen codifizierte Ausdehnung staatlicher Einflußnahme auf die Sexualität einher. Darüber können auch die im sexualpädagogischen Unterricht vertretenen Inhalte nicht hinwegtäuschen. Noch da, wo sie offen und progressiv erscheinen, vertragen sie sich offenbar ganz gut mit den Interessen des Staates. Man darf ja, wie es im Jargon der Jugendlichen heißt, heutzutage alles nicht mehr so eng sehen, weder im Sexuellen noch sonstwo. Flexibilität ist das Zauberwort einer Gesellschaft, die einen von heute auf morgen aus der vermeintlichen Sicherheit eines „soliden Berufes" in die Arbeitslosigkeit stürzt, weil all das, was einstmals gelernt wurde, nicht mehr gebraucht und damit wertlos wird, und die von dem Gestürzten verlangt, noch einmal neu zu beginnen.

Ohne systematisch zwischen schulischer und außerschulischer Sexualerziehung zu unterscheiden, hält die Sexualpädagogik an ihrem emanzipatorischen Selbstverständnis fest, begreift sich als „Pionier der Emanzipation". Das emanzipatorische Selbstverständnis und das progressive Image, das die Sexualpädagogik umgibt, gehen aber weniger auf deren Praxis als auf das ihr eigentümliche unhistorische Denken zurück. Seinen deutlichsten Ausdruck findet das unhistorische Denken in der formelhaften Beschwörung der sexuellen Repression. In der Weise, wie das die Sexualpädagogik behauptet, existiert diese schon längst nicht mehr. Emanzipatorisch ist sexualpädagogische Theorie und Praxis nur im Hinblick auf vergangene Formen sexueller Repression. Gemessen an der naturwüchsig sich durchsetzenden Entlassung der Sexualität aus der vormaligen Zwangsmoral ist sie das jedoch keineswegs. Mit ihrer Praxis vollendet sie lediglich, was auch ohne sie sich ereignete: die Auflösung des Tabus, das einstmals die Sexualität umhüllte. Die Sexualpädagogik weiß davon und scheut doch immer wieder vor dieser Einsicht zurück. Abzulesen ist das an ihrem ambivalenten Verhältnis zu jenen verspäteten Kleinbürgern, die ihre Arbeit attackieren. Obgleich Sexualpädagogik sich gegen die antisexuelle Haltung richtet, die in den Attacken der Kleinbürger zum Ausdruck kommt, können diese doch mit ihrer geheimen Wertschätzung rechnen. Die Angriffe auf sie bestätigen der Sexualpädagogik nicht nur ihre Notwendigkeit; sie nähren auch ihr progressives Selbstverständnis. Deshalb auch mißt die Sexualpädagogik ihren Angreifern eine Bedeutung zu, die ihnen im gesellschaftlichen Maßstab nicht mehr zukommt.

Als progressiv gilt die moderne Sexualpädagogik aber auch deshalb, weil sie sich als Erbin und Vollenderin der von Wilhelm Reich propagierten „revolutionären Sexualpädagogik" begreift. Wie dieser geht sie von „natürlichen Bedürfnissen" aus, von einem gleichsam angeborenen Lustwert der Sexualität, der durch die Verankerung sexueller Hemmungen und Angst am lebendigen Material der sexuellen Antriebe nicht zum Durchbruch kommen könne. Sexualpädagogische Theorie und Praxis zielen ab auf eine sexualfreundliche Erziehung, auf eine Erziehung, die frei machen soll zu Lust und Genuß. Aber der hedonistische Zug der modernen Sexualpädagogik, der gegen die Bescheidung der Menschen mit dem, was ihnen sexuell zugestanden wird, den Stachel löckt, verschlägt angesichts der lockeren sexuellen Verhältnisse nicht mehr. Lust und Genuß werden von der Sexualpädagogik nicht betont, um den Menschen in einem Gegenbild zu zeigen, wie beschränkt ihre Lebensverhältnisse sind. Sie hält an Lust und Genuß nicht als wahren, unter den gegenwärtigen Verhältnissen jedoch nicht einlösbaren Momenten der Sexualität fest. Munter hält sie für wirklich oder doch für verwirklichbar, was nicht einzulösen ist: Lust, Genuß und Glück. Die progressive Sexualpädagogik überschätzt ihre Möglichkeiten, sie webt mit an der Verschleierung der Lebensverhältnisse.

Unerschrocken heißt es in den Hamburger Richtlinien zur Sexualpädagogik: „Sexualität als eine Quelle der Lust und Lebensfreude muß heute auch in der Erziehung junger Menschen ausdrücklich Anerkennung finden." Begnügt sich die Schulbehörde noch damit, Sexualität als *eine* Quelle der Lust und Lebensfreude zu bezeichnen, ist man unter den Sexualpädagogen weniger bescheiden. Von den Ideologien, die sie selbst produzieren, sind einige von ihnen offenbar schon dermaßen verzaubert, daß sie nicht zögern, die schulische Sexualerziehung mit der durch sie möglich gewordenen Chancengleichheit „für ein glückliches und erfülltes Leben" zu legitimieren.[6]

Mit solchen Parolen wird die Sexualität zu einer harmlosen Entspannungsübung degradiert, die gleichsam wie ein Hobby über die allgemeine Unlust und die drängenden Lebensqualen der Menschen hinwegtäuschen soll. Eine so verstandene Sexualität verhilft aber bestenfalls zu einem „glücklichen Bewußtsein". Zu einem glücklichen und erfüllten Leben verhilft sie indes nicht. Dazu verhilft Sexualität auch dann nicht, wenn sie auf das glücklichste gelebt wird. So schrecklich es für manche Sexualpädagogen auch sein mag: Die Sexualität ist nur ein Moment des Lebens und nicht einmal dessen wichtigstes. Deswegen auch vermag das größte sexuelle Glück das allgemeine Unglück nicht zu überstrahlen. Nur in den Köpfen von Sexualpädagogen, die ihren Gegenstand von allem übrigen isolieren, nicht aber in der Wirklichkeit, kann die Verwandlung eines größeren sexuellen Elends in ein kleineres zum Glück geraten. Nicht abzustreiten, daß eine solche Verwandlung durch einen gelungenen sexualpädagogischen Unterricht möglich ist. Einer zur Selbstüberschätzung neigenden Sexualpädagogik mag das zwar zu wenig sein. Es ist aber bedeutend genug, um an ihr festzuhalten und sie gegen alle Angriffe, die ihr den Garaus machen wollen, zu verteidigen.

Forscher als Volksbeglücker

Auf einem wenige Jahre zurückliegenden internationalen Kongreß von Sexualwissenschaftlern beendete ein angesehener nordamerikanischer Forscher seinen Vortrag, indem er, ganz so als wolle er das Auditorium segnen, seine erhobenen Arme ausbreitete und dabei die Formel sprach: „Sex researchers are mountain climbers. Come and join me!" Diese längst vergessene Szene wurde in mir wieder wachgerufen durch die Lektüre des Handbuches „Die Sexualität des Menschen" von Erwin J. Haeberle. Eine solche Evokation ist nur durch eine wesentliche Übereinstimmung zwischen diesem Buch und jener Szene zu erklären.

Sowohl jene pathetische Szene als auch das Buch von Haeberle sind von einer Haltung durchdrungen, die mir charakteristisch für weite Teile der nordamerikanischen Sexualwissenschaft zu sein scheint: Sexualforscher verstehen sich als Grenzüberschreiter. Sie halten sich für Vorkletterer auf dem Weg zur sexuellen Erfüllung. Sie sind außerordentlich kritisch gegenüber den Verblendungen in jenen Sparten des Wissenschaftsbetriebes, die sich in Konkurrenz zur Sexualwissenschaft gleichfalls mit dem von ihr seit geraumer Zeit beanspruchten Gegenstand beschäftigen.

Diesem kritischen Vermögen steht ein auffälliger Mangel an Selbstkritik gegenüber. Die Reflexion auf den Betrieb im eigenen Fach ist ausgesprochen dürftig. Immer noch geriert man sich, als sei das eigene Tun gleichbedeutend mit einer permanenten sexuellen Revolution. Eine blinde Fortschrittsgläubigkeit verbietet jeden Gedanken, der als kritischer den forschen Optimismus stören könnte.

Über die von ihr empirisch untersuchten Sexualitäten spricht diese Sexualwissenschaft in einer Weise, als seien sie ihre eigenen Schöpfungen. Dabei hat sie das, was sie weiß, doch von den Menschen erfahren, die sie befragte. Mehr oder weniger getreu hat sie in den vergangenen Jahrzehnten protokolliert, was sexuell der Fall war. Dem hat sie dann, wie die großen Untersuchungen von Kinsey und seinen Mitarbeitern zeigen, entschlossen zum Durchbruch verholfen.

Spätestens seit diesen Untersuchungen wissen wir nun, wie weit die Lücke zwischen dem, was die landläufige Sexualmoral will, und dem tatsächlichen sexuellen Verhalten der Menschen auseinanderklaffen kann. Seitdem sind aber auch selbst Fachleute über die Homosexualität verwirrt, weil sie nicht mehr zwischen einer homosexuellen Struktur und einem homosexuellen Verhalten zu differenzieren wagen. Wie dem auch sei: Die Untersuchungen von Kinsey haben unser Bewußtsein über die sexuelle Wirklichkeit verändert. Das läßt sich auch für die Sexualwissenschaft insgesamt sagen.

Was sich jedoch nicht behaupten läßt, von ihr aber beständig behauptet wird, ist die unmittelbare Veränderung der sexuellen Wirklichkeit durch die Sexualwissenschaft. Auch das von Haeberle als große Entdeckung apostrophierte Resultat von Masters und Johnson, demzufolge das sexuelle Leistungsvermögen von Frauen mindestens ebensogroß sein soll wie das von Männern, zeitigte nicht die unmittelbar positiven Auswirkungen auf die Beziehungen der Geschlechter, die er supponiert. Zu einer grundlegenden gesellschaftlichen Veränderung führen die Entdeckungen von Masters und Johnson gewiß nicht. Es sei denn, man ist so vermessen, die Korrektur einer Vorstellung über weibliche Sexualität als eine grundlegende gesellschaftliche Veränderung zu bezeichnen.

An dem Buch von Haeberle kann abgelesen werden, wie sehr auch die scheinbar so blühende nordamerikanische Sexualwissenschaft um ihre akademische Anerkennung kämpfen muß. Das drückt sich darin aus, daß Forschungsresultate, die bemerkenswert, aber keineswegs revolutionär sind, als letzteres bezeichnet werden. Das zeigt sich vor allem an der Fülle der Definitionen, mit denen Haeberle aufwartet, die aber, da sie weder klärend noch in irgendeiner Hinsicht weiterführend sind, völlig unsinnig genannt werden müssen. Diese Definitionen lesen sich zum Beispiel folgendermaßen:

„Genitalverkehr ist definiert als sexueller Kontakt zwischen den Geschlechtsorganen zweier Partner." Auch der volksaufklärerische Eifer, mit dem die Sexualwissenschaft bei Haeberle auftritt, ist wohl auf ihre prekäre Stellung im Wissenschaftsbetrieb zurückzuführen. Wenn schon nicht von der akademischen Welt anerkannt, so möchte sie doch wenigstens vom Volk geschätzt werden. Um das zu erreichen, muß man dem Volk nach dem Munde reden und ihm Unbequemes ersparen. Auf diese Weise wird der Volksaufklärer zum Volksbeglücker.

Zwar muß Haeberle eingestehen, „daß selbst auf der theoretischen

Ebene die Sexualität keine einfache Sache ist". Er fühlt sich durch die ungelösten theoretischen Fragen, mit denen sich die hiesigen Sexualwissenschaftler herumschlagen, indes keineswegs in seinem Aufklärungsdrang behindert. Beseelt von einem ungebrochenen Fortschrittsoptimismus und einem anachronistischen Glauben an die Wissenschaft präsentiert er dem breiten Publikum „die Erkenntnisse der heutigen Sexualwissenschaft knapp, kritisch und allgemeinverständlich". Dargestellt werden von Haeberle jedoch nur solche Erkenntnisse, die seiner optimistischen Grundhaltung nicht widersprechen.

Diesem Buch zufolge leben wir nun endlich in einer Gesellschaft, in der in absehbarer Zeit alle sexuellen Möglichkeiten für alle realisiert werden können. So weit Haeberle auch blickt, ihm bietet sich vornehmlich Positives. Mögen die Verhältnisse um uns herum auch noch so bedrohend sein. Ein Trost bleibt uns. Was die Sexualität anbelangt, leben wir in der besten aller möglichen Welten.

Der Koitus schickt sich an, einen neuen Stellenwert als zwischenmenschliches Kommunikationsmittel zu bekommen, was der Einführung wirksamer Verhütungsmittel zugeschrieben wird. Wen schert es da, wenn Leidenschaft, Lust, Gier, große Liebe, kurz all das, was wir bislang mit Sexualität zusammendachten und was dieser ihr besonderes Aroma verlieh, in diesem zwischenmenschlichen Kommunikationsmittel nicht mehr unterzubringen sind.

Vertrauensvoll in die Zukunft blicken können auch diejenigen, die noch Anlaß zu Klagen über ihre eingeschränkten sexuellen Erlebnismöglichkeiten zu haben glauben. Die Sexualwissenschaft, die „fast täglich neue Erkenntnisse über die Sexualfunktionen und Zeugungsfunktionen des Menschen erarbeitet," wird auch den bislang an den Rand gedrängten Individuen zu einem glücklichen Bewußtsein verhelfen. Zu mehr wird es jedoch nicht reichen, weil die von Haeberle vertretene Sexualwissenschaft sich weigert, in eine wirkliche Auseinandersetzung mit dem sexuellen Leiden der Menschen einzutreten. Das von ihr vertretene Forschungsideal verlangt ausdrücklich, vom Menschlichen und damit vom Wesentlichen zu abstrahieren: „Die Geschichte der modernen Wissenschaft zeigt . . ., daß unser eigenes Interesse auf lange Sicht durch strenge Objektivität am besten bewahrt bleibt. Wissenschaft begann, als der Mensch anfing, die göttliche und *menschliche Dimension* (Hervorhebung M.D.) der Dinge außer acht zu

lassen, die er untersuchte. Gerade dies führte erst zu einem tiefgreifen-
deren Verständnis. Nur wenn wir bereit sind, über unsere engen persönlichen Interessen hinwegzudenken, dürfen wir hoffen, die Wahrheit
über uns selbst zu finden. Erst dann werden wir wirklich frei sein."

Mit einer solchen „Erkenntnistheorie" mag es gelingen, die hart-
näckige Affirmierung des Geschlechtsverkehrs als einer gesunden und
beglückenden Erfahrung aufrechtzuerhalten. Sexualwissenschaftliche
Erkenntnisse, die diesen Namen verdienen, sollte man von einer Sexualwissenschaft, die sich diesem Forschungsideal verschreibt, indes nicht
erwarten.

Um den weitgehend auf Verleugnung aufbauenden Optimismus
nicht zu trüben, exkommuniziert Haeberle die Psychoanalyse aus dem
Kreis der Wissenschaften und diffamiert sie als Glaubenssache. An der
Psychoanalyse stören ihn nicht nur deren Resultate. Es ist ihr psycho-
pathologischer Blick, der sich weder von einer glatten Fassade noch
von sexuellen outlets und auch nicht von Orgasmen blenden läßt. Die
Psychoanalyse weiß, daß ein Mensch über reichhaltige sexuelle Erlebnisse verfügen kann, ohne deshalb eine befriedigende Sexualität zu
haben.

Vom planen sexuellen Verhalten läßt sie sich jedenfalls nicht beir-
ren. Dem zwanghaften Optimisten mag der Blick der Psychoanalyse als
böser erscheinen. In Wahrheit ist er nur ein tiefer Blick auf die menschlichen und gesellschaftlichen Dinge. Wenn die hiesige Sexualwissenschaft sich von der nordamerikanischen unterscheidet, so auch deswegen, weil sie, ohne selbst ein Ableger der Psychoanalyse zu sein, gleichsam durch diese hindurchgegangen ist.

Pessimistisch im Hinblick auf die Aufhebung der sexuellen Unterdrückung können nur die sein, die über die Sexualität groß und gewaltig denken. Das ist an Freud ebenso wie an den scheinbar so sexual-
feindlichen Kirchenvätern abzulesen. Sie alle waren von der Größe der
Sexualität überzeugt. Sie glaubten, daß sie den ganzen Menschen erfaßt und daß sie von elementarer Bedeutung für Individuum und Gesellschaft sei. Im Unterschied zu den Kirchenvätern, die der großen
Sexualität große Verbote entgegensetzten, forderte Freud die Befreiung des Sexus. Befreit werden sollte eine Sexualität, die als elementarer Trieb verstanden wurde, nicht aber ein festgestelltes und weitgehend desexualisiertes Verhalten.

Es könnte indes sein, daß sowohl die Kirchenväter als auch Freud die Bedeutung der Sexualität überschätzten, weil sie die Wirkung des Verbotes auf das sexuelle Verhalten übersahen. Dieses entzündet sich am Verbot, wird an ihm gleichsam groß und begierig. Wird das Verbot milder, erscheint auch die Sexualität weniger kraftvoll. Die auf diese Weise kraftlos gewordene und weitgehend gezähmte Sexualität gibt die Basis ab, von der aus Haeberle argumentiert.

Sein harmloser Begriff von Sexualität erlaubt es ihm, über Sexuelles so unbefangen und sorglos zu sprechen, als ob es sich dabei wirklich um eine Trivialität handelte. Warum dann überhaupt noch Sexualwissenschaft? Hat diese nicht von Anbeginn auch die Aufgabe übernommen, die Sexualität zu entschärfen, indem sie sie überschaubar, planbar und beherrschbar machte?

Kritische Sexualwissenschaft hat auch darüber und nicht nur über die vorhandenen sexuellen Einschränkungen zu reflektieren. Versäumt sie das, wird sie zu einem Instrument repressiver Toleranz und befördert einen Grad von Konformität, der weit höher ist als jener, den die von Haeberle so heftig bekämpfte repressive Moral verlangte. Ihr konnten sich die Menschen noch durch Heuchelei entziehen. In einer Gesellschaft, in der sexuell alles erlaubt ist, solange es nur unter ihrer unmittelbaren Regie geschieht, wird den Menschen auch noch die Heuchelei entwunden, mit der sie sich vordem dem gesellschaftlichen Zugriff entzogen.

Thesen zur Reproduktionsmedizin

1. Die in der Bundesrepublik arbeitenden Reproduktionsmediziner haben immer wieder betont, es ginge ihnen nur darum, „ein ureigenstes biologisches Bedürfnis der Frau zur Mutterschaft zu befriedigen".[1] Daraus könnte man ableiten, sie stellten sich in den Dienst all jener Frauen, die keine Kinder bekommen können, obwohl sie es sich wünschen. Doch schauen wir uns diese Behauptung etwas genauer an. Wir stellen dann fest, daß sie Wesentliches verschleiert. Ich spreche dabei nicht von den Anstrengungen, denen Frauen und eingeschränkt auch Männer ausgesetzt sind. Ich spreche auch nicht von den Enttäuschungen beim Mißlingen der In-Vitro-Fertilisation und des Embryotransfers. Verschleiert wird in der zitierten Behauptung die Anmaßung der Mediziner, die in ihrer Indikationsstellung liegt. Es ist ja keineswegs so, daß allen Frauen, die keine Kinder bekommen können, die Hilfe der Reproduktionsmediziner zuteil wird. Unsere Reproduktionsmediziner schwingen sich vielmehr zu Sozialhygienikern auf. Nach den Richtlinien des Deutschen Ärztetages soll die „segensreiche Technik" der extrakorporalen Befruchtung nur solchen Frauen zuteil werden, die in einer Ehe leben. Bei unverheirateten Frauen soll in Ausnahmefällen eine Ethikkommission entscheiden. Eine alleinstehende Frau oder eine, deren Partnerschaft nicht den Vorstellungen der Ethikkommission entspricht, wird ihr „ureigenstes biologisches Bedürfnis ... zur Mutterschaft" nicht befriedigt bekommen.

Hier klafft zumindest eine Lücke zwischen der ambitionierten Technik und den konservativen Ehe- und Familienvorstellungen der Reproduktionsmediziner. Und man gewinnt den Eindruck, als ob mit solchen Ausführungsbestimmungen die schärfste Kritikerin der Reproduktionsmedizin, die katholische Kirche, beruhigt werden soll. Doch das ist nicht der ausschlaggebende Punkt. Entscheidender ist, daß Ärzte nach schwer durchschaubaren Kriterien auswählen. Sie sollen vor der Durchführung der In-Vitro-Fertilisation die künftige geistige, psychische und körperliche Entwicklung des Kindes mit bedenken. Das aber heißt, daß sich die Reproduktionsmediziner Entscheidungen anmaßen, die so weitgehend sind, daß sie den Charakter der Auslese annehmen.

124

In der jetzt gängigen Sprache hört sich unverdächtig an, was bei genauerem Hinsehen Anlaß zu tiefer Beunruhigung gibt. Abgewogen werden soll zwischen dem Selbstbestimmungsrecht der Frau bzw. der Eltern und dem Recht des Kindes auf eine ungestörte und unbelastete Entwicklung. Dahinter verbirgt sich nicht weniger als eine mit psychologischen Floskeln kaschierte Eugenik.

2. Offensichtlich aus Mißtrauen gegenüber den Reproduktionsmedizinern und deren obsoletem Frauenbild hat sich die Pro Familia in Bremen entschlossen, die heterologe Insemination selber in die Hand zu nehmen.[2] Frauen seien, so wird gesagt, bislang häufig an Institutionen verwiesen worden, deren Arbeitsweise fragwürdig sei. Besser aufgehoben sei dieser Arbeitsbereich bei der Pro Familia, die ihre eigenen Kriterien aufstellen könne. Genannt werden:

– keine Geschäftemacherei
– keine Selektion der Samenspender nach Intelligenz und Rasse
– absolute Anonymität.

Kriterien also auch hier, allerdings scheinbar akzeptablere. Was aber folgt praktisch daraus? Die heterologe Insemination wird bei der Pro Familia Bremen durchgeführt, weil infertilen Paaren ein berechtigter Wunsch nach einem Kind und ein berechtigtes Interesse an der Aufrechterhaltung der Partnerschaft eingeräumt werden. Wie aber verhält man sich bei der Pro Familia Bremen, wenn solche Paare ein Interesse daran haben, ein geistig, psychisch und körperlich möglichst makelloses Kind zu bekommen? Ist dieses Interesse nicht berechtigt? Es ist naiv zu glauben, die Menschen würden sich nur eines Teils des technisch Machbaren bedienen und auf den anderen, ethisch fragwürdigeren verzichten. Die Auswahl von und die Suche nach Samenspendern mit hohen geistigen und körperlichen Gaben ist kein Auswuchs im Umgang mit der heterologen Insemination. Sie hängt aufs engste mit dieser Reproduktionstechnik selbst zusammen.

3. Auch in der Stellungnahme der Pro Familia Bremen zur heterologen Insemination wird so getan, als ob es nur darum ginge, Wünsche und Bedürfnisse von Individuen zu befriedigen. Sind es in einem Fall

scheinbar ureigenste biologische Bedürfnisse, ist es bei der Pro Familia Bremen die Selbstentscheidungsmöglichkeit von Frauen und Paaren, die es zu erfüllen gilt. Weil, so wird behauptet, durch die heterologe Insemination Rechte und Möglichkeiten anderer als der Beteiligten nicht angetastet und betroffen würden, wenden sich die Autorinnen „gegen alle ethischen, moralischen und psychologischen Bedenken und Bestimmungen, die diese Selbstentscheidungsmöglichkeit einschränken wollen".[3]

Ein so unverfrorenes Plädoyer für den Einsatz einer Technik, die zusammengedacht werden muß mit der Gentechnologie, verbunden mit einem so unverhohlenen Denkverbot, macht fast sprachlos. Untersagt wird dann auch gleich noch, über die Bedeutung des Kinderwunsches im Zusammenhang mit dem Verlangen nach einer heterologen Insemination nachzudenken. Wir sollen diesen Wunsch als selbstverständlich hinnehmen und gefälligst unsere Gedanken im Zaum halten. Sonst könnte es ja sein, daß wir darauf kommen, daß der Wunsch nach einem Kind weder ein ureigenstes biologisches Bedürfnis noch ein aus den Individuen allein kommender, gleichsam autochthoner Wunsch ist. Der Wunsch ist lebensgeschichtlich konstituiert, und als solcher enthält er immer auch ein Stück sozialen Zwang. Der soziale Zwang wird jedoch als psychischer erlebt und nimmt in der Phantasie, ohne Kinder unvollständig zu sein, Gestalt an. Zwar ist bei den Apologeten der Reproduktionsmedizin, gleich welcher Couleur, ständig von dem *Kinderwunsch* die Rede. Dieser Wunsch scheint jedoch nicht wie andere Wünsche zu sein. Nähme man diesen Wunsch wirklich als einen, dann muß ihm gegenüber gelten, was für alle Wünsche gilt: sie können aus den unterschiedlichsten Gründen enttäuscht werden. Trauer wäre die angemessene Reaktion auf einen nichterfüllbaren Kinderwunsch. Von Trauer ist jedoch in den Schilderungen der Situation der Paare und Frauen mit einem nichterfüllbaren Kinderwunsch kaum etwas zu spüren. Vielmehr scheint Enttäuschung und Depressivität vorzuherrschen und der Kinderwunsch oft genug ein Kinderzwang zu sein. Wenn das jedoch zutrifft, dann hätten die Paare bzw. Frauen eine Ebene, auf der sie wirklich entscheiden können, gar nicht erreicht, und sie stünden unter dem Zwang, ein Kind haben zu müssen, weil sie nicht trauernd darauf verzichten können.

4. In welchem Ausmaß die Reproduktionstechnologie unsere Vorstellungen von Zeugung, Geburt, Kindern, Vätern und Müttern zu verändern droht, ist nicht nur an ihren Befürwortern, sondern auch an ihren Gegnern abzulesen. Die Argumente der letzteren sind von einem überraschenden Naturalismus und von einer verblüffenden Biologisierung gekennzeichnet. Glaubte man bis vor kurzem noch, die modernen Techniken der Antikonzeption hätten zu einem vollständigen Zusammenbruch kosmisch-vitaler und sakraler Vorstellungen von Geburt und Zeugung geführt, so wird man durch die Kritiker der Reproduktionsmedizin eines Besseren belehrt. Besonders deutlich wird das an der Kritik der heterologen Insemination. Diese würde, so wird behauptet, die Grundlage der Elternschaft zerstören. Da wird der Samenspender kurzerhand als genetischer Vater bezeichnet, und der genetischen „Vaterschaft" wird ein so großes Gewicht und eine so starke Bedeutung eingeräumt, daß von den sozialen Vorgängen, welche die „Vaterschaft" in weitaus stärkerem Maße durchdringen als die „Mutterschaft", nichts mehr aufscheint. Den „Retortenkindern" wird allein deswegen eine ungünstige Entwicklungsprognose gestellt, weil der genetische „Vater" mit dem psychosozialen Vater nicht identisch ist bzw. die Kinder nicht auf „natürlichem Wege" gezeugt wurden.

Nun ist nicht völlig von der Hand zu weisen, daß die psychische und soziale Entwicklung der „Retortenkinder" problematisch werden könnte. Wenn das so sein sollte, dann aber wohl kaum deswegen, weil diese Kinder nicht auf „natürliche Weise" gezeugt wurden, sondern weil diese Kinder psychisch übersetzt sind. Eltern von „Retortenkindern" sind sozusagen Überwunschkinder. Ihre Eltern haben, bevor sie Eltern wurden, so viel über sich ergehen lassen, daß man sich mit einigem Recht fragen kann, ob dadurch nicht übergroße Erwartungen aufgebaut und übergroße Enttäuschungen vorprogrammiert werden.

5. Die Mythologisierung von Zeugung und Geburt, biologischer Elternschaft und genetischer Herkunft bei manchen Kritikern der Reproduktionsmedizin hat das paradoxe Resultat, daß sie der Reproduktionsmedizin zuarbeitet. Der Erfolg der Reproduktionsmedizin ist ohne die Mythologisierung von Elternschaft und Kindern schwer zu denken. Sie verspricht, den auch aus dem Mythos geborenen Wunsch nach einem Kind mit rationalen und technischen Mitteln zu erfüllen.

6. Die neuen Reproduktionstechniken verhüllen den Januskopf der Gentechnologie, zu der sie gehören. Abzulesen ist das insbesondere an der In-Vitro-Fertilisation und dem Embryotransfer. Auch diese Manipulationen werden mit dem verständlichen und nicht weiter hinterfragten Wunsch nach einem Kind legitimiert. Im Schatten dieses Wunsches wird die Ausweitung und der breite Einsatz der Gentechnologie vorbereitet. Die Forschungen an „überzähligen" Embryonen sind nur der Anfang.

Was treibt uns?

Anmerkungen zur Triebtheorie

Das Sexuelle nimmt nicht nur im Leben des einzelnen einen besonderen Rang ein, sondern auch in seiner theoretischen Fassung. Der Sexualtrieb wird entweder wie in der Psychoanalyse als der elementare Trieb beschrieben und – sieht man von dem umstrittenen Aggressionstrieb einmal ab – als der Trieb bestimmt, an dem entlang sich die gesamte psychische Tätigkeit des Menschen entwickelt. Aber auch in jenen Trieblehren, die mehrere voneinander unabhängige Triebe postulieren, wird dem Sexualtrieb eine hervorragende Bedeutung eingeräumt. Diese dem Sexualtrieb verliehene Superiorität hängt damit zusammen, daß er und seine Erscheinungen von der Fortpflanzung der Menschen nicht völlig getrennt gedacht werden können, wenigstens bislang nicht. In dem besonderen Rang, der dem Sexualtrieb eingeräumt wurde, scheint aber auch ein subjektives Moment auf. Sein Rang ist von der Lust, die die Menschen bei der Sexualbetätigung erleben, nicht zu trennen. Die sexuelle Lust ist nun einmal lustvoller als andere Lüste. Und dieses Mehr an Lust, diese bei der sexuellen Betätigung erlebte quantitative Differenz hat der Sexualtrieb als Kategorie gleichsam geerbt. Das wird vor allem in der von Freud vorgelegten Triebtheorie deutlich. Hinter dem Sexualtrieb soll nach Freuds Auffassung ein mächtiges Energiequantum stehen, das große Anforderungen an die Subjekte stellt. Vor allem von konservativen Kulturkritikern wurde die den sexuellen Triebregungen supponierte Mächtigkeit dazu benutzt, ihre Forderungen nach festen gesellschaftlichen Institutionen zu legitimieren. Diese sollten den Individuen gleichsam als Hilfstruppen in ihrem Kampf bei der Bewältigung ihrer Triebhaftigkeit beispringen. Aber auch für fortschrittliche Autoren ist das quantitative Moment in der psychoanalytischen Trieblehre und die Mächtigkeit, welche sie den sexuellen Regungen gibt, ein Stein des Anstoßes. Einige Implikationen an der Freudschen Trieblehre scheinen ihnen die Möglichkeit der sexuellen Befreiung zu erschweren, wenn nicht gar unmöglich zu machen.

Unter dieser Prämisse wurde die psychoanalytische Trieblehre zuletzt von dem Sexualwissenschaftler Gunter Schmidt kritisiert. Er setzt sich im Gegensatz zu W. Reich nicht nur von bestimmten Implikationen der Trieblehre ab, sondern verwirft das theoretische Konstrukt Trieb in toto. Schmidt hat seine Gedanken in einer Arbeit, die unter dem Titel „Motivationale Grundlagen sexuellen Verhaltens" erschienen ist, niedergelegt. Das bündig formulierte Ergebnis seiner Überlegungen lautet: „Das energetische Triebkonzept gehört zu den verzichtbarsten Postulaten im Rahmen der psychoanalytischen Theorie."[1] Vertreten werden von Schmidt zwei zentrale Hypothesen:

„1. Die Annahme eines Sexualtriebes ist für die Erklärung von sexuellem Verhalten entbehrlich und hinderlich;
2. sexuelles Verhalten und Erleben beziehen ihre Dynamik zu einem großen Teil aus nicht-sexuellen Motiven."[2]

Zuerst einmal möchte ich zu klären versuchen, ob das Triebkonzept von Freud tatsächlich als energetisches bezeichnet und folglich als „psychohydraulisches Modell"[3] charakterisiert werden kann. Betrachtet man daraufhin jene Texte von Freud, in denen das Triebmodell entfaltet wird, dann kommt man nicht umhin, der Charakterisierung von Schmidt zuzustimmen. In diesen Texten wird der Trieb energetisch verstanden.[4] Noch in der im Jahre 1938 publizierten Schrift mit dem Titel „Die endliche und die unendliche Analyse" finden wir eine starke Betonung quantitativer Gesichtspunkte, die in der Kategorie Triebstärke ihren Niederschlag gefunden hat.

An anderer Stelle hat Freud zwar die Ansicht vertreten, die Trieblehre sei sozusagen die Mythologie der Psychoanalyse. Wörtlich heißt es in der Studie „Neue Folge der Vorlesungen zur Einführung in die Psychoanalyse": „Die Triebe sind mythische Wesen, großartig in ihrer Unbestimmtheit. Wir können in unserer Arbeit keinen Augenblick von ihnen absehen und sind dabei nie sicher, sie scharf zu sehen."[5] Gleichwohl hat Freud mit seiner Trieblehre mehr als ein unbestimmtes zur Erklärung der sexuellen Vorgänge sinnvolles bzw. im Rahmen der psychoanalytischen Theorie notwendiges Konstrukt vorgelegt. In den Schriften, in denen die Trieblehre explizit entfaltet wird, setzt Freud nicht auf Mythologie und Offenheit seines Konzepts. Er entwickelt dort vielmehr bestimmte Vorstellungen von der Beschaffenheit der Sexualtriebe und betont immer wieder deren Stärke und Kraft.

Kernstück der psychoanalytischen Trieblehre ist die Verlagerung des Triebreizes nach innen, was über die somatische Verankerung des Sexualtriebes bewerkstelligt wird. Der Trieb wird als ein konstanter Reiz aufgefaßt, der nicht von außen, z. B. durch ein in der Welt zufällig vorhandenes reizvolles Objekt aufgebaut wird, sondern vom Körperinnern her angreift und dort Spannungen aufbaut. Freud nennt den Triebreiz dann auch Bedürfnis, ohne jedoch deswegen von der somatisch-biologischen Verankerung des Sexualtriebes abzurücken. Auch wenn Freud den Trieb als Grenzbegriff zwischen Seelischem und Somatischem bezeichnet, in einem bleibt er ganz entschieden: Die Arbeitsanforderungen, welche dem Seelischen auferlegt werden und welche in einer Triebhandlung münden, werden vom Körperinnern her gestellt und nicht von Verlockungen, welche aus der Außenwelt kommen. Aus diesem Verständnis des Triebes als einer konstant vom Innen her wirkenden und dort Spannungen erzeugenden Kraft, folgt dann auch die gar nicht leicht nachzuvollziehende Formel der Triebregulierung, die lautet: Die erhöhte Triebspannung, also die sexuelle Erregung, geht mit einem Unlustempfinden einher. Diese Spannung wird durch die sexuelle Handlung herabgesetzt. Das vorübergehende Abflauen der sexuellen Spannung wird als Lust erlebt.

Diese Formel ist nicht nur schwer nachzuvollziehen. Sie ist für die Charakterisierung der sexuellen Lust auch nicht ausreichend. Ihre Schwäche besteht darin, daß mit ihr sexuelle Lust nur negativ, als Abwesenheit von Unlust bestimmt werden kann. Das aber reicht zur Kennzeichnung sexueller Lust auch dann nicht aus, wenn man anerkennt, daß sie sich nur schwer positiv beschreiben läßt.

Die dieser Formel eigentümliche Schwäche rührt daher, daß sie aus einer Analogie abgeleitet ist. Ihr Muster hat sie sich bei den Vorgängen geholt, die den Hunger und dessen Befriedigung begleiten. Und wie alle Analogien trägt sie nicht weit genug und verwischt wesentliche Differenzen. Das Verspüren von Hunger deutet in der Tat auf einen inneren Spannungszustand, auf die ins Wanken gekommene Homöostase hin. Befriedige ich meinen Hunger, indem ich esse, habe ich diesen Spannungszustand aufgehoben. Will man dabei von Lust sprechen, dann wird diese tatsächlich über die Abwesenheit von Unlust hergestellt. Für die Vorgänge, die den Hunger und dessen Befriedigung begleiten, reicht die Negativbestimmung von Lust als Herabsetzung innerer Spannung dann auch aus. Primär wird mit dem Essen nicht mehr intendiert als die Wiederherstellung des inneren Gleichgewichts. Wesentliches ändert sich daran auch nicht, wenn ich mit der Befriedigung meines Hungergefühls einen hohen kulturellen Aufwand verbinde. Das Ziel bleibt das gleiche, gleichgültig ob ich meinen Hunger mit einem Stück Brot, mit einem Hamburger oder mit einem aufwendigen Mahl in illustrer Gesellschaft befriedige.

Mit der sexuellen Handlung wird indes nicht bloß ein negativer Zustand aufgehoben, sondern es wird ein neuer Zustand produziert, dem ein eigener Wert zukommt und der deshalb positiv zu bestimmen ist. Das eigentliche Ziel der sexuellen Handlung ist nicht die Aufhebung eines Spannungszustandes, sondern die Herstellung einer darüber hinausgehenden seelischen Verfassung. Der homöostatische Zustand stellt sich bei der sexuellen Handlung nur nach dem Erreichen eines ekstatischen Zustandes her. Ohne diesen ekstatischen oder, wie Reich gesagt hätte, orgastischen Zustand führt die sexuelle Handlung nicht zu wirklicher Befriedigung.

Doch zurück zu dem Triebkonzept von Freud, aus dem eine ganze Reihe bedeutsamer und von ihm teilweise auch diskutierter Konsequenzen folgen. Der Sexualtrieb wird von ihm nicht nur als starke und eigensinnige Macht aufgefaßt, welche dem Individuum bestimmte Handlungen aufzwingt. Der Sexualtrieb, aber auch dessen Schicksal, wird von ihm bis zu einem nicht unwichtigen Grade auch vom sozialen Schicksal des Individuums gesondert. So heißt es in den „Drei Abhandlungen zur Sexualtheorie": „Wer Verdrängung und Sublimierung mit zur konstitutionellen Anlage rechnet, als die Lebensäußerungen derselben betrachtet, der hat allerdings das Recht zu behaupten, daß die Endgestaltung des Sexuallebens vor allem das Ergebnis der angeborenen Konstitution ist."[6] Von Freud wird nicht nur die Möglichkeit einer abnormen konstitutionellen Anlage in Betracht gezogen. Er weist der konstitutionellen Anlage auch einen so hohen Stellenwert zu, daß die Sexualität fast zu einer an sich gefährlichen Veranlagung wird. Und noch in der bereits erwähnten Studie „Die endliche und die unendliche Analyse" ist von starken Dämmen die Rede, welche eine gelungene Psychoanalyse gegen die Triebansprüche aufzubauen habe.

Diesen Dämmen dürfe man zutrauen, „daß sie den Hochfluten der Triebsteigerungen nicht so leicht nachgeben werden. Die nachträgliche Korrektur des ursprünglichen Verdrängungsvorganges, die der Übermacht des quantitativen Faktors ein Ende macht, wäre also die eigentliche Leistung der analytischen Therapie."[7]

Der ökonomische Gesichtspunkt wurde von Freud in dieser späten Schrift nicht etwa relativiert. Er hat ihn vielmehr besonders hervorgehoben und es als Versäumnis bezeichnet, ihm vorher nicht die gleiche Beachtung wie dem dynamischen und topischen Gesichtspunkt geschenkt zu haben. Gerade diese späte Arbeit Freuds ist dazu geeignet, der Gesellschaft Mores zu lehren. Hinter der Sexualität steht nicht nur eine an sich schwer zu bändigende Kraft. Die Macht der Triebe verstärkt sich im Verlaufe des Lebens auch noch: „Zweimal im Laufe der individuellen Entwicklung treten erhebliche Verstärkungen gewisser Triebe auf, zur Pubertät und um die Menopause bei Frauen. Wir sind nicht im geringsten überrascht, wenn Personen, die vorher nicht neurotisch waren, es um diese Zeiten werden. Die Bändigung der Triebe, die ihnen bei geringerer Stärke derselben gelungen war, mißlingt nun bei deren Verstärkung. Die Verdrängungen benehmen sich wie Dämme gegen den Andrang der Gewässer. Dasselbe, was diese beiden physiologischen Triebverstärkungen leisten, kann in irregulärer Weise zu jeder anderen Lebenszeit durch akzidentelle Einflüsse herbeigeführt werden. Es kommt zu Triebverstärkungen durch neue Traumen, aufgezwungene Versagungen, kollaterale Beeinflussungen der Triebe untereinander. Der Erfolg ist alle Male der gleiche und erhärtet die unwiderstehliche Macht des quantitativen Moments in der Krankheitsverursachung."[8]

Zweifellos sind solche Formulierungen geeignet, jene, die der Idee einer Befreiung des Sexuellen skeptisch oder ablehnend gegenüberstehen, zu stärken. Sie wollen kollektiv errichten, was das Ziel der analytischen Therapie sein soll, nämlich eine starke Gegenmacht gegen die Macht der Triebe. Die Psychoanalyse lokalisiert diese Gegenmacht im Ich, konservative Soziologen lokalisieren sie in Gesetz und Moral. Ohne mildernde Gegenströme aus dem Ich bzw. aus den gesellschaftlichen Institutionen wäre eine so gewaltige Kraft, zu der der Sexualtrieb bei Freud wurde, etwas, das über uns kommt und unsere Schritte sowohl individuell als auch kollektiv werweißwohin lenkt.

Während Freud Gesellschaft und Individuen mit seiner Triebtheorie scheinbar schwer belastet, erleichtert uns Gunter Schmidt, wenn er schreibt: „Sexuelles Verhalten ist ... motiviert durch den Wunsch, sexuelle Erregung und Lust zu erfahren, und nicht durch unangenehme Innenreize, die durch sexuelle Aktivität beruhigt werden müssen. Nicht weil wir sexuell erregt sind, haben wir Sexualität; sondern wir produzieren sexuelle Erregung oder suchen sie auf, um Sexualität erleben zu können."[9]

Gerne würde ich Gunter Schmidt zustimmen, vor allem deshalb, weil er in seiner Theorie unsere Autonomie, der das Freudsche Triebmodell einen empfindlichen Dämpfer versetzt hat, wieder neu erstrahlen läßt. Wenn wir unsere sexuelle Erregung nämlich willentlich und bewußt produzieren, dann müssen wir umgekehrt auch dazu imstande sein, auf sexuelle Erregung willentlich und bewußt zu verzichten, ohne befürchten zu müssen, neurotisch oder vor lauter nicht eingelösten Sehnsüchten unglücklich zu werden. Ich meine allerdings, daß die Schmidtsche Theorie die Wahrheit der sexuellen Vorgänge auch nicht ganz trifft. Schmidt faßt die Bedingungen des sexuellen Verhaltens als eine in den Individuen vorhandene Bereitschaft, als ruhende Potentialität auf, von der nichts Drängendes ausgeht. Das aber trifft offensichtlich nicht zu, wie wir nicht nur an den Perversionen ablesen können, bei denen sich die Sexualität nach aller Erfahrung doch in einer Weise meldet, die wir als Zustand des Dranges, der keinen Aufschub duldet, bezeichnen müssen. Sexualität ist ein innerer Anspruch, dem wir uns nicht entziehen können. Davon zeugen nicht zuletzt die angestrengten Übungen, die den Asketikern auferlegt sind.

Vielleicht kommen wir dem Verständnis sexueller Vorgänge und dem ihnen eigentümlichen Gesetz nach Wiederholung etwas näher, wenn wir den Wunsch in das Zentrum der Betrachtung rücken. Das Wort fällt bei Gunter Schmidt ebenfalls, wird von ihm jedoch nicht systematisch verwendet. Der sexuelle Wunsch bzw. das sexuelle Begehren des Erwachsenen ist unlösbar verschränkt mit dem Vergangenen. Um in der Weise sexuell motiviert zu sein, wie Schmidt das beschreibt, müssen wir zumindest irgendwann einmal erfahren haben, daß Sexualität etwas Erregendes und Lustvolles ist. Die sexuelle Handlung wird vom Suchen nach einer bereits erlebten und erinnerbaren Lust motiviert. Der Wunsch nach Wiederholung des bereits sexuell

Erlebten ist aber nicht nur handlungsanregend, sondern er strukturiert die sexuelle Handlung auch weitgehend.

Unser sexuelles Schicksal wird nicht in dem Maße durch die konstitutionelle Triebstärke oder durch physiologische Veränderungen bestimmt, wie Freud das glaubte. Es ist in hohem Maße abhängig von den „Erfahrungen", die der Trieb in und mit der Wirklichkeit gemacht hat. Diese und nicht der Trieb als solcher oder die konstitutionellen Triebanlagen formen unsere sexuellen Wünsche.

Der Trieb ist nichts weiter als eine Fähigkeit des Menschen, allerdings eine, der er sich nicht entziehen kann. Der Trieb an sich hat keine Gestalt und keine individuell spezifische Stärke. Er ist Anforderung zur Gestaltung und nicht selbst Gestalt. Deshalb ist auch von der Vorstellung Abschied zu nehmen, es gäbe so etwas wie eine reine Triebhandlung. Eine solche gibt es nur ein einziges Mal, nämlich dann, wenn der Trieb sich zum ersten Mal mit einem Objekt verknüpft. Damit beginnt die Geschichte des Triebes: Es entwickelt sich eine Struktur des Begehrens. Diese zwingt eine bestimmte Erfahrung hervor, die wiederum auf die Wünsche zurückwirkt. Im Laufe der Zeit verfügt dann jeder über eine einigermaßen festgelegte sexuelle Grammatik, also über ein Muster, das jeden dazu bewegt, Sexualität auf eine Art und Weise zu haben bzw. zu erleben, die sich von der bereits erlebten nicht mehr grundsätzlich unterscheidet.

Es läßt sich mit Gunter Schmidt also durchaus davon sprechen, daß wir sexuelle Erregung produzieren bzw. aufsuchen. Wir produzieren sexuelle Erregung, indem wir gleichsam rückwärts phantasieren. Wir erinnern uns und lassen das Erinnerte als Wunsch Gestalt werden. Wir antizipieren bei bestimmten Begegnungen und in bestimmten Situationen die sexuelle Lust, die wir erlebt haben, und wir suchen Situationen auf, die denen gleichen, in deren Kontext in der Vergangenheit unser sexuelles Erleben eingebettet war. Vieles an diesen Vorgängen ist so bewußt und aktiv, daß es sophistisch wäre, dahinter das unmittelbare Wirken der Kräfte des Triebes sehen zu wollen.

Noch augenfälliger wird der sexuelle Wunsch bzw. das Arsenal der sexuellen Wünsche als motivierendes Element für sexuelle Handlungen durch das plötzliche Auftreten der sexuellen Erregung. Es soll ja häufiger vorkommen, daß Menschen sich in ganz gewöhnlichen Situationen befinden, ohne das Gefühl zu haben, sexuell erregt zu sein.

Plötzlich aber verändert sich die Situation, sei es durch ein Objekt, das auftaucht und den Blick auf sich zieht oder einen solchen wirft. Dabei kann es sich sowohl um ein lebendiges Sexualobjekt, also um einen Menschen, als auch um einen toten Gegenstand handeln, der mit sexueller Evokationskraft versehen ist. Was wir in solchen Momenten bewußt wahrnehmen, ist nicht mehr, als daß die Luft sich mit Sexualität auflädt. Dieser Vorgang, d. h. die Sexualisierung einer Situation, wird von einem Außenreiz und nicht von einem inneren Triebanspruch ausgelöst, und er unterliegt deshalb auch nicht der Periodizität, sondern dem „Zufall". Zum Auftauchen der sexuellen Erregung in einer solchen Situation kommt es indes nur dann, wenn zwischen den inneren sexuellen Engrammen und dem äußeren Objekt eine wenn auch noch so vage Entsprechung existiert.

Ich sehe nun nicht den geringsten Grund dafür, solche Vorgänge nicht als genuin sexuelle zu bezeichnen, und ich kann mir deshalb auch keinen Reim darauf machen, wie Gunter Schmidt zu der These gelangt, sexuelles Verhalten und Erleben bezögen ihre Dynamik zum großen Teil aus nichtsexuellen Motiven. Das Motiv ist allemal sexuell, schon deshalb, weil der Wunsch einen sexuellen Inhalt hat. Allerdings würde ich zögern, solche Vorgänge als unmittelbar vom Trieb gesteuert zu bezeichnen: sie sind bestenfalls vom Trieb gespeist.

Ich denke, die Behauptung, auf die es auch G. Schmidt ankam, daß wir uns in einer gesellschaftlichen Situation befinden, in der sexuelles Verhalten sich in den zuletzt geschilderten Bahnen bewegt, ist schwer zu widerlegen. Tatsächlich suchen wir Situationen auf, um uns sexuell zu erregen, und wir bekommen ohne aktives Zutun solche Situationen oft genug geboten. Wir befinden uns mitten in einer Kultur, in der es, wenigstens dem realen Schein nach, ein Überangebot an sexuellen Versprechungen gibt, und wir sind deshalb auch nicht auf das Wirken der Triebe zurückgeworfen. Ob die uns umgebenden sexuellen Versprechungen indes einlösen, was zur vollen sexuellen Befriedigung notwendig ist, nämlich das Erleben von Ekstase, muß freilich bezweifelt werden.

So weit, wie Gunter Schmidt in seiner Kritik der Freudschen Trieblehre gegangen ist, möchte ich indes nicht gehen. Auf die Annahme eines Triebes ist ohne Verlust für das Verständnis von Sexualität nicht zu verzichten. Der Trieb ist sozusagen das Radikal, auf dem alle sexuellen Vorgänge aufbauen. Er ist die Bedingung der Möglichkeit von Sexualität, gewissermaßen der Wunsch der Wünsche.

Das Triebkonzept von Freud ist ein Versuch, die Sexualität als mythisches Wesen zu bannen. Das führte zu einer ungemein interessanten Anthropologie. Diese Anthropologie besagt, daß die Sexualität und deren Befriedigung dem Menschen wesentlich ist. Bringt man die Trieblehre in den historischen, Triebverzicht fordernden Zusammenhang, in dem sie entstanden ist, dann zeigt sich die Größe des Freudschen Triebkonzepts. Freud hat zwar in seiner Trieblehre die Gewalt des historisch erzwungenen Triebverzichts dem Trieb selber als eine anthropologische Konstante zugeschlagen und ihn dadurch gewaltsamer erscheinen lassen, als er ist. Wie man mit den Anforderungen des Sexualtriebes sowohl individuell als auch kollektiv am besten fertig wird, hat er freilich gewußt. Anders als auf dem Wege der Befriedigung konnte er sich die Bewältigung der sexuellen Regungen nicht vorstellen.

Engel des Begehrens

Die Sexualität der Figuren in Hubert Fichtes Werk

> Ich möchte, daß die Welt sich nicht verändert, damit ich mir erlauben kann, gegen die Welt zu sein.
>
> *Jean Genet im Gespräch mit Hubert Fichte*

Jeder Liebende hat Angst davor, die geliebte Person zu verlieren. Und jeder Liebende hat schon einmal eine geliebte Person verloren. Von daher weiß er, wie es um ihn bestellt ist, wenn er verlassen wird. Hat er sich nach dem Verlassenwerden dem Zusammenbruch nahe gefühlt, tödliche Angst empfunden und befürchtet auseinanderzufallen, wird dieses Erleben zum beherrschenden Moment seines künftigen Liebeslebens: Lieben ist Verlassenwerden, Verlassenwerden ist tödliche Bedrohung, die man glaubt nicht noch einmal überstehen zu können.

Von dieser archaischen Angst, dieser Angst vor der Angst, sind alle Figuren Fichtes umgetrieben. Von dieser Bedrohung sind auch ihre sexuellen Begegnungen nicht frei zu halten, die in Eile, ja Hetze stattfinden.

„Draußen kommt mir Luis entgegen.
Er rennt mit mir in den nach nassem Mehl riechenden Palast und zwischen den durchlöcherten Pappwänden oymeln wir uns halbtot."

Warum aber ist nicht nur die Liebe, sondern auch die Sexualität der Figuren Fichtes so bedroht? Sie ist es deshalb, weil Liebe und Sexualität in unserer Kultur nicht auseinanderzureißen sind. In der sexuellen Tragik der Figuren Fichtes begegnet uns die Tragik jener Generation wieder, die sich vorgenommen hat, die Sexualität leichtzunehmen und in ihrer Absicht beständig von dem Zwang zur Liebe gestört wird. Die Tragik dieser Generation liegt, wie Niklas Luhmann betonte, „nicht mehr darin, daß die Liebenden nicht zueinanderkommen; sie liegt darin, daß sexuelle Beziehungen Liebe erzeugen und daß man weder nach ihr leben noch von ihr loskommen kann".[1] Wenn es demnach aus

138

diesem Dilemma auch keinen Ausweg gibt, so gibt es doch verschiedene Umgangsweisen mit dem ihm zugrundeliegenden Konflikt. In immer erneuten Versuchen tasten sich die Figuren Fichtes an die Möglichkeit der Sexualität ohne Liebe heran. Und ihr Autor führt Gespräche mit Prostituierten, in denen er sich vor allem für die Frage interessiert, wie es möglich ist, zahllose sexuelle Kontakte zu haben, ohne in die Fallen der Liebe zu geraten.

Eine andere Rettung als die Form des Rituals ist für Fichte nicht sichtbar. Im Ritual wird ein Kompromiß zwischen den Wünschen und dem Schrecken vor diesen Wünschen geschlossen, wie Fichte den Ledermann in einer mit einem Fragezeichen versehenen Antwort belehrt: „Wir tun das kleinere Schreckliche und hoffen dadurch – instinktiv – dem größeren Schrecken zu entgehen?“ Die aus Angst vor der Liebe Umgetriebenen begeben sich auf rituelle Gänge an ritualisierte Orte. Räume, in denen beziehungslose Beziehungen und Sex ohne Liebe Brauch sind, bieten ihnen Schutz und liefern ihnen zugleich die Umgangsmuster für ihre Schrecken. Einen solchen Ort hat Fichte in seinem Roman *Die Palette* beschrieben. Der Titel des Romans ist der Name einer Hamburger Kneipe für Ausgestoßene. Die „Palette“ ist Abbild aller Orte, die schnelle sexuelle Kontakte ermöglichen, die Angst vor der Liebe mildern und sie zugleich hervorrufen. Sie ist Abbild des Schwulentreffpunkts genauso wie eine vorweggenommene Beschreibung der Diskotheken, Abbild aller Orte, in denen das Alleinsein kollektiv begangen und die Angst vor Nähe gemeinsam zelebriert werden. Und in dieser Paradoxie liegt auch die Gefahr.

„Jäcki hat Angst, nicht mehr draußen vor zu bleiben, sondern, nachdem er schon anfängt wiederzuerkennen, hineingezogen zu werden in Zweiundzwei. Etwa eine Freundschaft mit Jürgen, der Schneeflocke? Oder Anne, die anfängt, ihm die Knöpfe an die Hemden zu nähen?“

Verbunden sind sich die *habitués* solcher Orte durch ihre Angst vor Liebe. Verknüpft sind sie durch sexuelle Kontakte, die nur flüchtig sein dürfen und insofern als *promisque* zu bezeichnen sind.

In der Psychopathologie der Sexualität hat man im Zusammenhang mit dem Phänomen Promiskuität von sexueller Süchtigkeit gesprochen und gemeint, damit ein Strukturmerkmal sexueller Perversionen entdeckt zu haben. Fichte, dessen Reflexionsniveau über Sexualität nur als grandios bezeichnet werden kann, gelingt es mit wenigen Sätzen, diese Vorstellung zu korrigieren. Was der Psychopathologie als sexuelle Sucht erschienen ist, ist in Wahrheit eine als sexuell maskierte Sucht nach der Freiheit.

„Jäcki sitzt schon wieder in der Palette.
– Ich bin überhaupt nicht frei.
– Das ist eine Sucht.
– Ich bin süchtig nach dieser Art von Unabhängigkeit."

Sucht, die höchste Form der Abhängigkeit, entsteht aus der radikalen Sehnsucht nach Unabhängigkeit. Der mit diesem Verlangen Geschlagene bewegt sich ständig in paradoxen Bezügen. Um seine Unabhängigkeit spüren zu können, gerät er in Abhängigkeit. Autonomie dieser Art ist aus der Ferne zu Menschen nicht herzustellen. Sie muß beständig über eine kurze Nähe zu ihnen gesichert werden. Erst dadurch ist die immer schwankende Autonomie zu retten. Für einen Augenblick begibt sich der nach Unabhängigkeit Süchtige in die größtmögliche Nähe zu Menschen. In diesem Augenblick muß alles, auch die Liebe, möglich sein. Indem er sich der für ihn größtmöglichen Gefahr des Verlustes seiner Unabhängigkeit aussetzt, gewinnt er die höchste Unabhängigkeit.

Das Medium hierfür sind sexuelle Begegnungen. Wie flüchtig diese auch immer sein mögen: in ihnen findet Nähe statt, und zwar ebenso wirklich wie auch symbolisch. Es ist ein geläufiges Mißverständnis, flüchtige sexuelle Begegnungen als oberflächlich zu charakterisieren. Gegen die Rede von der Oberflächlichkeit flüchtiger sexueller Begegnungen spricht, daß das Sexualobjekt hinsichtlich bestimmter Merkmale hochsignifikant sein muß. Die Suche nach ihm kann sich stundenlang hinziehen. So bedenkenlos das Objekt nach dem Sex verlassen wird, so sorgfältig wird es ausgewählt. Das flüchtige sexuelle Objekt muß sich nämlich dafür eignen, libidinös besetzt werden zu können. Erst dann kommt es zur sexuellen Handlung, die von einer mächtigen Libidobewegung begleitet ist. Es findet in der flüchtigen sexuellen Begegnung also im Grunde der gleiche Vorgang statt, der am Beginn jeder Verliebtheit steht. Ein Objekt wird begehrt, weil es Triebbefriedigung verspricht. Hat es Triebbefriedigung gewährt, verfestigt sich gleichsam die Libidobesetzung. Lieben heißt ja nichts weiter, als ein Objekt, das sexuelle Befriedigung gewährt, dauerhaft mit Libido zu besetzen. Eine geglückte Liebesbeziehung ist die, in der es zu einer reziproken Libidobesetzung kommt: Ich liebe und ich werde geliebt. Wo Lieben aber gleichbedeutend ist mit unerträglicher Abhängigkeit und Unfreiheit und deshalb als bedrohliche Gefahr erlebt wird, wird die Libido in dem Augenblick wieder vom Objekt abgezogen, in dem Liebe möglich geworden wäre. Der mögliche Beginn der Liebe ist zugleich ihr Ende. Die flüchtige sexuelle Begegnung ist demnach alles andere als oberflächlich. Sie ist von intensiven Gefühlsbewegungen begleitet. In ihr läuft in hoher Verdichtung ab, was sich ansonsten über Jahre hinzieht.

Die Autonomie entsteht gleichsam aus dem Nein, mit dem auf die sich zeigende Liebe geantwortet wird. Über dieses Nein gewinnt die eigene Person erneut Kontur; sie wird mit Selbstbewußtsein aufgeladen. Im *Versuch über die Pubertät* schildert Fichte die Geburt der Person aus dem Nein. Pozzi, der päderastische Liebhaber, sagt „den furchtbaren Satz, die Drohung, das Gemeine, das Unmenschliche", sagt: Ich liebe dich. Der pubertierende vaterlose Halbweise gerät auf den inzestuösen Antrag hin in Verwirrung. Nachdem es ihm aber gelungen ist, nein zu sagen, legt sich die Verwirrung, und er taucht mit einem vorher nicht gekannten Bewußtsein von sich selbst auf.

„Was wollte er von mir, als er sagte:
– Ich liebe dich?
Ich liebe dich. Aber ich liebe dich nicht:
– Ich
(Pozzi)
Und wenn es wirklich ein Bewußtsein von sich selbst gibt? Wenn ich wirklich mehr bin als ein Räderwerk von Papperlapapp, das sich einklappert, in mir transzendiert der Schleim, in mir denkt die Schöpfung über sich selbst nach?
– Liebe?
Luther als Blauer Engel.
– Dich.
(Mich)
Nein."

Auf diesem „Nein" auf das erste bewußt als mit Sexualität verschmolzen wahrgenommene „Ich liebe dich" baut sich die neue Person auf. In dem Augenblick, wo Liebe und Sexualität sich zum ersten Mal berühren und das eine Wort die Bedeutung des anderen verändert, erscheint die Liebe als unmöglich. Es zeichnet sich jedoch die Möglichkeit ab, gewappnet mit diesem Nein künftig in den flüchtigen sexuellen Zeremonien über die Gefahren der Liebe und Sexualität zu triumphieren und die eigene Welt jeweils neu entstehen zu lassen.

Diese skeptische Klarheit hat Fichte jedoch erst mit seinem letzten Roman *Versuch über die Pubertät* erreicht. Mit ihm ist seine poetische Eigenanalyse abgeschlossen. Wie bei jeder Analyse wird dabei nicht das lebensgeschichtlich Frühere vom Späteren her betrachtet, sondern umgekehrt: das später Erlebte wird aus der tieferen Einsicht in das Vorausgegangene neu interpretiert. Jeder Analysand muß im Verlaufe seiner Analyse seinen Familienroman umschreiben. Nicht anders ist es Fichte ergangen. Er hat im *Versuch über die Pubertät* die wesentlichen Themen seiner früheren Romane noch einmal aufgegriffen und erneut bearbeitet. Das Resultat dieses Bearbeitungsprozesses wirkt sich vor allem auf die Behandlung von Liebe und Sexualität aus. Während in den früheren Romanen die Liebe noch als Möglichkeit dargestellt und die Hoffnung, Liebe und Sexualität im Leben zusammenzubringen, nicht aufgegeben wurde, verwirft Fichte in seinem letzten Roman solche Gedanken als Täuschung.

Wolfgang von Wangenheim hat über diesen Roman gesagt, er sei „die Geschichte eines Mannes, der das Scheitern der Liebe erlebt und sich entschließt, aus den Trümmern wenigstens die Sexualität zu retten; der Frustration von ihrer Macht zu nehmen durch Beschreibung und so den Begriff der Liebe zu verändern".[2] Mit dieser Charakterisierung wird jedoch die in dem Roman erreichte Radikalität aufgelöst. Im *Versuch über die Pubertät* nimmt ein Mann das erlebte Scheitern der Liebe zum Anlaß, rücksichtslos über sie nachzudenken. Die furchtbare Wahrheit dieser erneuten Auseinandersetzung lautet: Die Liebe ist unmöglich.

Was in den vorausgegangenen Romanen als vorsichtige und von Zweifeln beherrschte Annäherung an die Liebe dargestellt wurde, ist revidiert. Was vorher nur denkbar war, ist jetzt gewiß.

„Jäcki denkt, daß sie alle hier, Irma, Manuel, Reimar Renaissancefürstchen und er selbst, auf das, was sie Liebe nennen – er sagt
– Eigentlich liebe ich dich, wie ich nie …
schlechter vorbereitet sind als die Apothekersanwärter auf ihr Apothe-
kerstudium, wenn sie mit Abitur abgehen oder mit der Mittleren
Reife.“

Nach dem Wiedereintauchen in die Pubertät ist klar: Wir können nicht
lieben. Wir haben es von Anfang an nicht gekonnt. Wir sind auf die
Liebe nicht nur schlecht, sondern überhaupt nicht vorbereitet. Bestenfalls können wir uns einbilden zu lieben, so wie die Päderasten, denen
Fichte ihre Täuschungen und ihren verkommenen Begriff von Liebe
vorwirft.

In einem der wenigen Interviews, in denen Fichte sich den Fragen
anderer stellt, spricht er über seine eigenen sexuellen Erwartungen vor
der Pubertät und über seine Gefühle nach seinen ersten sexuellen Erfahrungen. „Das Erlebnis der Sexualität in der Pubertät war für mich
tatsächlich das Erlebnis eines Betrugs, als Beschissenwerden. Es wird
hingeführt zu einer bestimmten Art der Erfüllung und kurz davor
bricht es ab.“ Das scheint zuerst einmal nicht mehr als eine Erklärung
für den Anstoß zu einem bekannten Thema der Romane Fichtes zu
sein, in denen mit artistischer Präzision die ungeheure Banalität der
realen Sexualität variiert wird.

In diesen beiden Sätzen ist aber mehr enthalten. Sie legen die Wurzeln der Radikalität frei, mit der Fichte das Thema Sexualität behandelt. Für Fichte war die Pubertät keine Frustration der sexuellen Erwartungen. So wird sie gewöhnlich erlebt. Für ihn war sie ein Schock,
auf den er wütend und empört reagierte. Er hatte ein dionysisches Fest
erwartet und eine müde Feier geboten bekommen.

Von Anfang an war ihm klar, daß er nicht von den Personen beschis-
sen wurde, mit denen gemeinsam er seine ersten sexuellen Erfahrungen machte. Der Beschiß ging von der Wirklichkeit aus, die eine andere Sexualität nicht zuläßt. Von dieser hat Fichte sich daraufhin abge-
wandt, so wie andere sich von sexuellen Objekten zurückziehen, die
ihnen keine ausreichende sexuelle Befriedigung bieten. Gegen die realen sexuellen Erfahrungen, die er nicht zu machen aufhört, beharrt
Fichte auf den sexuellen Bildern und Phantasien seiner Kindheit. Das

ist gleichbedeutend mit einer Verweigerung der weiteren sexuellen Entwicklung. Sexuelle Erfahrungen werden gemacht, aber nicht in die ihr vorausgegangenen Bilder integriert. Keine der Figuren Fichtes entwickelt sich in dem Sinne, daß sie bereit wäre, die früheren Bilder aufzugeben und mit der Wirklichkeit zu verschmelzen. Ihr sexuelles Ideal ist kein Konglomerat aus den einzig möglichen halblebendigen sexuellen Erfahrungen.

Das Ideal der Figuren Fichtes und sein eigener Begriff von Sexualität konstituierten sich in einer Zeit, in der Sexualität noch nicht Praxis, sondern große Phantasie war. Dieser Begriff von Sexualität ist aber nur scheinbar infantil. In Wahrheit ist er ein kritischer Begriff von Sexualität, an dem sich die Tatsachen zu rechtfertigen haben. Vor diesem Begriff hat die sexuelle Wirklichkeit keinen Bestand, weder die eigene noch die der anderen. An ihm zeigt sich, daß die landläufige Vorstellung, welche die sexuelle Reife als höchste Stufe der sexuellen Entwicklung ansieht, eine Stufe, die keine der Figuren Fichtes erreicht, eine Mystifikation ist.

Sexuelle Reife ist Anpassung an die eingeschränkten sexuellen Entfaltungsmöglichkeiten in unserer Kultur. Sexuelle Reife ist Gewöhnung an diese Anpassung. Sexuelle Reife ist vor allem Desexualisierung, und das heißt nichts anderes als Devitalisierung des Sexus. Zu haben ist sexuelle Reife nur für diejenigen, die imstande sind, die farbigeren Bilder und die hochgespannteren Vorstellungen, die sie in der Kindheit hatten, auszulöschen. Sexuelle Reife sollte aber nicht mit sexuellem Glück verwechselt werden. Sie ist Unglück, auch wenn es sich lautloser darstellt als das sexuelle Unglück der „Unreifen". Ihr Unglück ist spürbarer, weil sie um ihre sexuellen Wünsche wissen und erfahren haben, daß diese in dieser Welt nicht zu realisieren sind. Bewahrt sind sie im Gegensatz zu den anderen vor der Täuschung durch die Wirklichkeit. Obgleich scheinbar mitten im Strom schwimmend und die Angebote des sexuellen Marktes genießend, sind sie unkorrumpierbar. Sie sind mit der sexuellen Wirklichkeit nicht versöhnbar, und ihre Sexualität ist nicht zu integrieren.

Fast dreißig Jahre nach seiner Pubertät hat Fichte die eigenen Bilder über Sexualität wiedergefunden in den Trance-Erfahrungen der afroamerikanischen Kulturen. Das mag tröstlich gewesen sein, insofern ihm diese Wiederbegegnung beispringt in der Gefahr, sich von der eigenen kulturellen Wirklichkeit zuletzt doch noch überwältigen zu lassen. Die Realisierung der in diesen Bildern aufgehobenen Erwartungen bleibt ihm jedoch verschlossen. Der Europäer Fichte bleibt auch dort der Außenseiter, der er in seiner eigenen Kultur ist.

In dieser Berührung der Bilder erweist sich der Begriff von Sexualität, den Fichte vertritt, letztendlich doch als abhängig. Er ist abhängig von Regeln und Verboten, wie sie am klarsten von den Religionen gesetzt werden. Fichtes Gedanken über Sexualität ebenso wie der Wert, den er der Sexualität in seinen Romanen einräumt, sind bestimmt vom Tabu, das in den säkularisierten Verboten seiner Kindheit Gestalt annahm: Detlev war es verboten, *Die Marquise von O* zu lesen. Detlev durfte „Volpone" nicht sehen. Detlev darf sich nicht vorne an die Hose fassen. Die Mutter untersagt ihm, „von dem Allergeheimnisvollsten und Kompliziertesten, das es auf der Welt gibt", mit groben, gleichsam materialistischen Worten zu sprechen. Beim Versuch, dem Knaben die Notwendigkeit des Verbots zu erklären, muß indes auch sie auf die Metaphysik der Liebe verzichten: Sexualität soll als Liebe in gegenseitiger Übereinstimmung vollzogen werden. Sexualität ist Hingabe. Sexualität ist, zur Hingabe gezwungen zu werden. Sexualität ist Vergewaltigung. Homosexualität ist verboten und wird hart bestraft.

Groß muß sein, was so grausam ist und so große Verbote erforderlich macht. Und der aus der Kindheit gerettete Begriff von Sexualität ist durch die Einflüsterungen des Verbots groß geworden. „Die Grundlage der Erotik bildet die sexuelle Aktivität. Nun wird über die Aktivität ein Verbot verhängt. Es ist unvorstellbar! Es ist verboten, sich zu lieben! Es sei denn, man tue es im geheimen. Wenn wir es jedoch im geheimen tun, verklärt und beleuchtet das Verbot seinen Gegenstand mit einem zugleich göttlichen Licht: es umgibt ihn mit einem religiösen Schein ... *Das Verbot verleiht dem betroffenen Gegenstand eine Bedeutung, die er ursprünglich nicht besaß.*"[3] Am gewaltigsten aber ist die Wirkung des Verbotes in jenen Entwicklungsphasen, in denen der schon wissendere Trieb zur sexuellen Aktivität drängt, in denen die sexuelle Betätigung aber uneingeschränkt verboten ist. In dieser Zeit lädt sich die Sexualität ihre Bedeutung auf und gewinnt ihren individuellen bzw. kollektiven Wert.

Dieser Wert ist zu klären, wenn wir von Sexualität sprechen. Das gilt bis hinein in die Theorie. In der älteren Theorie der Sexualität wurde zu dem Wort Sexualität immer auch Macht und Größe des Sexualtriebes mitgedacht. Gegenwärtig bedeutet das Wort Sexualität nicht mehr dasselbe wie vordem. Der liberalere gesellschaftliche Umgang mit Sexualität hat ihren Wert geschmälert, ihr Gewicht und Kraft genommen.

Die Einsicht in diesem Zusammenhang ist freilich versperrt, wenn man glaubt, der sexualfeindliche Diskurs hätte die Kraft und Größe der Sexualität geleugnet. Das Gegenteil ist richtig: Das Bedürfnis, welches er einzugrenzen trachtete, wurde von ihm als drängendes gedacht. Der sexualfeindliche Diskurs ist von dieser Hypostasierung der Sexualität als einer mächtigen Naturkraft nicht zu trennen. Abgefeimt zu nennen ist er, weil er seine Wirkung auf den von ihm verbotenen Gegenstand verleugnet und die Stärke des sexuellen Verlangens, von dem er beständig spricht, als etwas unabhängig von ihm Existierendes behauptet. Das sexuelle Verbot setzt zwar einen übersteigerten Begriff von der Macht der Sexualität voraus. Aber es zwingt einen solchen übersteigerten Begriff auch zugleich hervor. Wir denken über Sexualität auch deshalb „groß", weil sie verboten ist. In allen historischen Situationen, kollektiven oder individuellen, in denen die Sexualität mit harschen Verboten bandagiert wird, lassen sich hypertrophe Vorstellungen von der Macht und vom Wert der Sexualität nachweisen. Weil aber das, was wir über einen Gegenstand denken, diesen selbst verändert, erleben wir Sexualität je nachdem, welchen Wert wir ihr beimessen, auch unterschiedlich.

Radikaler noch als Bataille, für den eine Sexualität ohne Verbot zu einer wird, die ihr wesentliches Moment, nämlich das Begehren, verfehlt, weil sexuelles Begehren heißt, über das Verbot zu triumphieren,[4] kritisiert Pasolini die mit der sexuellen Liberalisierung einhergehende Erosion des sexuellen Verbots und beklagt die Verflachung und Demokratisierung der Sexualität. Auch das sexuelle Ideal in Fichtes Werk hat sich am Verbot gebildet. Von ihm hat es seine Größe und seinen Glanz, aber auch seine kritische Schönheit. Mit Nachdruck besteht Fichte darauf, Sexualität sei nur als zu verwirklichende Möglichkeit bedeutsam und nur als vorenthaltenes Glück groß. Das ist die verbotene Sexualität der Präpubertät. Gemessen an ihr verliert die gelebte Sexualität ihren Stachel und versinkt unterschiedslos in Banalität. Keine der verschiedenen von Fichte beschriebenen Formen der Sexualität, soweit sie sich in unserer Kultur abspielen, entgeht diesem Schicksal. Unterschiede, die zwischen den verschiedenen Sexualitäten bestehen, sind bloß quantitative. Homosexuelle, Bisexuelle und Sadomasochisten täuschen sich nur länger als andere, weil sie es besser verstehen, sexuelle Ekstase zu imitieren.

Trotz dieser Einwände: Fichte ist ein Sexualaufklärer im besten Sinne. Er beteiligt sich nicht an der herrschenden Verharmlosung der Sexualität und hält ganz im Gegensatz zu dem, was in Schulen oder sonstwo als sexuelle Aufklärung firmiert, an der anarchischen Konzeption von Lust fest. Die sexuelle Aufklärung dieser Art hat sich mit dem alten Haß auf die Lust insofern verbündet, als sie die Sexualität so lange durch die Mühle drehte, bis von der Lust nichts mehr spürbar blieb. In der positivistischen Sexualwissenschaft kommt dann auch die Kategorie Lust nicht mehr vor, wohl deshalb, weil sie weiß, daß sie nicht in ihr Kategoriensystem zu integrieren ist. Fichte lehrt uns, daß wir gezwungen sind, nach ihrem Verbleib zu fragen. Wir tun das nicht deshalb, weil wir freundliche Menschen sind, sondern deswegen, weil wir Lust und Verlangen aus unserem Bewußtsein über Sexualität einfach nicht tilgen können.

Gewiß, auf der gegenwärtigen Stufe der Entwicklung erhalten die Menschen gar nicht wenig. Sie bekommen sowohl die ihnen abhanden gekommene sexuelle Sprache als auch die Sache selbst zurück. Aber das, was sie zurückerhalten, ist ihnen entfremdet. Es ist entsubjektiviert und damit wesentlich desexualisiert. Die gegenwärtige Sprache über Sexuelles entstammt nicht der sexuellen Erfahrung der Individuen; sie ist unmittelbar der Sprache der Experten entlehnt. Über Sexualität sprechen und denken alle ausnahmslos in der gleichen Weise. Wie lebendig klingt dagegen die in der *Palette* gesprochene Sprache, in der noch „Dosen gepfeffert" und „Rohre in Ärsche" verlegt werden.

Während die sexuelle Repression den Sex mit wenigen Ausnahmen aus der Gesellschaft ausschloß und damit das Begehren entzündete, holt ihn die gegenwärtige Gesellschaft Stufe für Stufe, Schicht für Schicht hervor und domestiziert die Lust. Homosexuelle fordern ihre Integration und behaupten, sie würden durch Diskriminierung an einem anständigen Leben gehindert. Die Perversionen marschieren uns in voller Kledage auf dem Fernsehschirm entgegen und verlieren dabei das ihnen wesentliche, von Marcuse einmal mit dem Stendhal-Wort als *promesse de bonheur* bezeichnete Charakteristikum. Pädophile fordern lautstark ihr Recht auf die ihnen gemäße Sexualität, aber nicht etwa, indem sie auf ihre Lust pochen, sondern in der Befehlsform der Gesellschaft, zu deren besserem Gelingen sie dadurch beitragen wollen, daß sie den Kindern zukommen lassen, was für deren Entwicklung förderlich sei. Inmitten der gigantischen sexuellen Veranstaltungen hat sich die Lust verflüchtigt. Es ist, als ob wirklich geworden wäre, wovon die Askese träumte. Wir bewegen uns in einem Meer von Sex ohne die Empfindungen, die einmal als sexuelle Lust bezeichnet wurden, ohne Schaden für unsere Anständigkeit und ohne spürbaren Kampf gegen Anfechtungen.

Strichjungen werden aus sexueller Not aufgesucht. Freier sind entweder alte Schwule oder Verkrüppelte, die keiner mehr anfassen möchte, oder sie sind reiche und bekannte Schwule, die wegen der gesellschaftlichen Ächtung der Homosexualität zur Heimlichkeit gezwungen sind. Prostitution ist ein notwendiges Übel.

Man kennt derlei aus wohlmeinenden Untersuchungen über Prostitution. Falsch ist das nicht, nur einseitig. Fichtes homosexuelle und bisexuelle Protagonisten haben andere Motive für ihre Strichjungenkontakte. Weder sind sie alt, noch verkrüppelt, noch reich und feige. Auch kennen sie die homosexuelle Subkultur und wissen, daß jeder schwule Kleinbürger ihnen gerne geben würde, was sie sexuell haben wollen. Und sie wissen außerdem, daß jeder durchschnittliche Schwule variabler ist als die meisten Strichjungen. Gleichwohl haben sie eine unübersehbare Vorliebe für Strichjungen. Diese stehen weit über allen anderen möglichen sexuellen Objekten und treten in den Romanen Fichtes so sehr in den Vordergrund, daß sie zu *Engeln des Begehrens* werden.

Was aber macht sie so begehrenswert? Da an ihnen sonst nichts Besonderes ist, muß das Begehrenswerte der Strichjungen mit der Bezahlung ihrer Dienste und mit ihrer verachteten gesellschaftlichen Stellung zu tun haben. Tatsächlich werden die Prostituierten durch ihre Bezahlung geschmäht. Prostitution setzt das Recht auf den eigenen Körper, die eigene Sexualität voraus. Nur dann, wenn ich über meine Sexualität frei verfügen kann, kann ich sie verkaufen. Der Freier entwertet die Sexualität des Strichjungen, indem er sich seiner durch Bezahlung bemächtigt. Überdies ist der Prostituierte durch seine gesellschaftliche Entwertung ein herausgehobenes Objekt der Begierde. Er steht auf der untersten Rangstufe der Verachtung, noch unterhalb der Schwulen. Und genau dadurch wird er als Objekt einer Begierde aufgewertet, deren Objekt anstößig sein muß. Die Strichjungenkontakte bei Fichte sind von dem Motiv der Überschreitung der gesellschaftlichen Schranken bestimmt. Dadurch gewinnen sie ihren Reiz und ermöglichen jene besondere Lust, die aus dem Triumph über Einschränkungen resultiert.

Das wird besonders deutlich durch ein weiteres unabdingbares Merkmal des Strichers. Der Stricher darf nicht schwul, d. h. er muß normal sein. Ein schwuler Stricher ist aus dem Blickwinkel des Triumphes über die eigene Beschädigung nur die Hälfte wert. Auf diese wichtige Voraussetzung, die zugleich eine entscheidende Differenz zur heterosexuellen Prostitution ist, macht Fichte in seinem Roman *Detlevs Imitationen „Grünspan"* aufmerksam:

„– Der Stricher gibt nicht nur vor, einen Liebesakt mit jemandem zu vollführen, den er nicht liebt, wie die Tille, sondern überhaupt begeht er mit einem Mann etwas Unnormales, das er ohne Profit mit keinem anderen Mann begehen würde, sagt Wolli."

Der Abschnitt beschreibt einen Streit zwischen Wolli und Jäcki über Normalität. In diesem Streit beharrt Wolli, der barmherzige Zuhälter, der jeden Freitag in die Sauna geht, um sich für die alten und beschädigten Schwulen umsonst hinzulegen, darauf, daß es so etwas wie Normalität gibt. Damit legt Wolli Jäckis Begierde als abhängig von der gültigen Dichotomie zwischen normal und nichtnormal bloß und erklärt ihn zum Gefangenen des Systems, das er verachtet. Dieser will davon aber nichts wissen, flüchtet sich in kluge Rationalisierungen und spricht dem Zuhälter das Recht ab, einen Diskurs über Normalität zu führen. Und Jäcki produziert einen handfesten Beweis dafür, daß es Normalität nicht gibt.

„– Reimar, bist du normal? sagt Jäcki.
Reimar lächelt wieder! Jäcki legt sich über seinen Rücken und faßt Reimar Renaissancefürstchen mit jeder Hand in die Hosentasche.

– Reimar, bist du normal, sagt Jäcki und fühlt, wie des Renaissance-
fürstchens Oymel wieder dick wird. "

Dadurch, daß Jäcki aus dem normalen Strichjungen Reimar einen stei-
fen Schwanz herausmanipuliert, bestätigt er ebenso sich wie auch
Wolli. Die Voraussetzung für seinen Triumph ist zwar die Normalität.
Aber indem es dem schwulen Freier gelingt, aus dem Strichjungen alle
Zeichen eines Begehrens herauszulocken, das dieser als Normaler gar
nicht haben kann, gerät die Dichotomie normal/nichtnormal bzw.
schwul/nichtschwul in Schwingung. Denn es kann nur dann möglich
sein, dem Normalen ein schwules Begehren zu entlocken, wenn alle
Normalen schwul sind. Wenn aber alle Normalen schwul sind, gibt es
keine Normalität und damit auch keine Homosexualität, weil diese nur
als gesonderte Form und nur als das Nichtnormale existiert. Wenn es
aber keine Homosexualität gibt, dann ist auch die Ächtung der Schwulen aufgehoben.

Der Roman *Detlevs Imitationen „Grünspan"* erschien im Jahre 1971,
drei Jahre nach Fichtes zweitem Roman *Die Palette.* In beiden Romanen ist die Homosexualität ein zentrales Thema. Die Wahl eines solchen Themas durch einen deutschsprachigen Schriftsteller, noch vor
der ersten Revision des § 175 StGB und Jahre vor dem Beginn der
inzwischen schon wieder zerfallenen Schwulenbewegung, ist an sich
schon bemerkenswert. Wie das Thema aber von Fichte behandelt
wurde, war damals unerhört. In diesem Ton hatte niemand zuvor über
Homosexualität gesprochen: Alles sagen. Sich weder entschuldigen
noch erklären. Schreiben, was gesagt werden muß, selbstverständlich
und ohne Rücksicht.
   Fichtes Bedeutung für die Veränderung des Bewußtseins über Homosexualität kann nicht hoch genug veranschlagt werden. Das muß
betont werden, weil Fichte in dieser Hinsicht unterschätzt wird. Von
den Schwulen, die sich in den vergangenen zehn Jahren öffentlich zur
homosexuellen Frage geäußert haben, scheinen nur wenige Fichte
wirklich zu kennen. Wäre es anders, hätte man häufiger etwas von der
selbstverständlichen Radikalität, mit der Fichte die Homosexualität
behandelt, spüren müssen. Es gibt aber einige, die Fichte Dank schul-
den und das auch wissen. Ich selbst gehöre dazu.

Was habe ich bei Fichte erfahren? Ich habe begriffen, daß Homosexuelle Opfer sind, die keiner versteht. Ich habe begriffen, daß ihre Verfolgung sinnlos ist und deshalb auch nicht zu erklären. Nie hat Fichte einen solchen absurden Erklärungsversuch unternommen. Nie hat Fichte beim Anblick eines Schwulen gefragt: Wie wird einer so? Auch er kam zwar nicht ganz ohne diese moralische Frage aus. Er hat sie dem Sadomasochisten gestellt, genauer gesagt der Gewalt, dem einzigen nichtsymbolischen Element im großen sadomasochistischen Theater. Ihr gegenüber wurde er wankend und veränderte seinen leidenschaftlichen und zugleich distanzierten Blick auf die Dinge.

Der Homosexualität gegenüber blieb Fichte unbeirrt. Ursachen interessieren ihn nicht. Für ihn ist die Homosexualität ein gegebenes Phänomen, dessen Universum er darstellt und beschreibt, ohne seine Perspektive zu wechseln. Er blickt auf die Schwulen so kritisch wie auf alle seine anderen Figuren: allesamt Schwache und Geschädigte. Er beschreibt die Beschädigung der Schwulen, ohne sie jedoch als Entschuldigung gelten zu lassen. Das klingt, als ob sich Fichte nur eine unzureichende Vorstellung von der Verfolgung der Homosexuellen machte. Das Gegenteil ist wahr: Fichte spürt die Verfolgung der Homosexuellen in jedem Winkel der Erde, in jedem politischen System und hinter jeder Ideologie auf und nennt unerschrocken die Namen der Verfolger. Seiner Sensibilität entgeht auch die subtilste Verachtung nicht, und er leistet sich keine Illusion:

„Denkt Jäcki:
– Wenn sie Erfolg hätten mit der traditionellen Klampfenwanderung, ihrer Gewaltlosigkeit, ihrer haschisch-verstärkten Atomgegnermaschiererei und wenn die Erde frei wäre von taktischen oder sonstigen Atomwaffen, dann würden die Tunten immer noch ausgelacht, wenn sie beim Regen im Gebüsch stehen am Dammtorbahnhof und sich gegenseitig die Uhr aufziehen."

Die Verfolgung ist allgegenwärtig. Sie ist in jeder Geste der Schwulen enthalten. Aber die Verfolgung wird nicht kleiner dadurch, daß man die Verfolgten ein weiteres Mal demütigt, indem man ihnen die Wahrheit nicht zumutet. Die Verfolgung zu benennen, ihr nachzuspüren und sie zu bekämpfen, ist notwendig. Aus ihr jedoch ein Wirkungsprinzip konkret abzuleiten, ist unsinnig. Die Verfolgung ist nicht so konkret, daß aus ihr individuelle Bizarrerien oder kollektive Züge der Schwulen abgeleitet werden können. Das heißt nicht, daß die Verfolgung nicht konkret sein kann. Wenn aber die Promiskuität der homosexuellen Männer in unmittelbaren Zusammenhang mit deren Verfolgung gebracht wird, dann wird damit nicht die Verfolgung, sondern ein mitunter ganz lustvolles Verhalten getroffen, das sich vor den Maßstäben bürgerlicher Wohlanständigkeit zu rechtfertigen hat.

Für Fichte ist aber auch die Homosexualität Sexualität und als solche wesentlich Überschreitung. Ihr Ziel ist Ekstase, sie phantasiert den Tod. Vor wem aber sollte sich eine solche Sexualität rechtfertigen? Dieser Distanz verdanken wir eine homosexuelle Literatur, die allerdings nicht mit einer Literatur für Homosexuelle verwechselt werden sollte.

Rosa wird evangelisch

Offener Brief an Rosa von Praunheim

Liebe Rosa,

Du hast also nicht widerstanden, sondern dem SPIEGEL geliefert, wonach er verlangte. Dort suchte man nach der heftigen Kritik an den homosexuellenfeindlichen Übertreibungen des letzten AIDS-Artikels einen Verbündeten. Dieser sollte homosexuell sein, einen nicht ganz unbekannten Namen haben, vor allem aber bereit, das vom SPIEGEL angestimmte Menetekeln fortzusetzen. Dein Beitrag zeigt, daß der SPIEGEL aus seiner Sicht eine glänzende Wahl getroffen hat. Du brandmarkst die scheinbar so lockeren Sitten *der* Homosexuellen und bezichtigst *die* Homosexuellen der Indolenz im Umgang mit AIDS. Du gibst vor, als Bruder zu Brüdern zu sprechen, und wiederholst doch nur, was vor Dir auch Nicht-Brüder ausgedrückt haben: Für Homosexuelle sind die Zeiten des aufrechten Ganges und erhobenen Hauptes vorbei. Die neue Parole lautet: Klein machen und anpassen. Glaubst Du wirklich, daß all das, was in den vergangenen Jahren sich in vielen Köpfen bewegt hat, wegen AIDS unwahr geworden ist? Dabei zeigt die Debatte um AIDS doch gerade, daß nichts von dem, was auch Du einmal wolltest, damals als wir an dem Film „Nicht der Homosexuelle ist pervers, sondern die Situation, in der er lebt" gearbeitet haben, wirklich eingelöst ist. Auch darüber hättest Du schreiben können. Statt dessen legst Du ein öffentliches Bekenntnis ab und beteuerst, daß ja alles nicht so gemeint gewesen sei.

Ich habe mich beim Lesen Deiner Thesen plötzlich an eine lange zurückliegende Zeit erinnert. Vor ungefähr zwanzig Jahren ging ich in Stuttgart über den Schloßplatz. Dort stand ein Mann auf einer umgedrehten Obstkiste und missionierte für eine der in Württemberg so zahlreichen evangelikalen Gruppen. Er wetterte über die moralische Verkommenheit der Welt und ließ die Passanten wissen, daß es auch um ihn einmal schlimm bestellt war. Ein paar Sätze des Eiferers sind mir wieder eingefallen. Er rief: „Auch ich habe gesoffen. Auch ich habe gehurt. Aber nun ist Jesus in mein Herz eingekehrt, und ich bin von meinen Lastern befreit."

Mich hat diese öffentliche Selbstbezichtigung peinlich berührt. Deine Thesen können diese verschüttete Szene nur deshalb evoziert haben, weil sie ihr in Struktur und Gestus gleichen. Du legst stellvertretend für die Homosexuellen ein Schuldbekenntnis ab und identifizierst Dich mit Deiner Selbstbezichtigung mit den offenen und versteckten Angriffen auf sie in den vergangenen Wochen. Wie jede Identifikation wirkt auch die Identifikation mit dem Aggressor entlastend. Zu bekommen ist diese Entlastung jedoch nur um den Preis der Unterwerfung.

Auch nach mehrmaligem Lesen Deiner Thesen ist mir nicht klar geworden, von wem Du eigentlich sprichst. In Deinem Artikel sind Innen- und Außenwelt völlig ungetrennt, und du springst beständig zwischen einem völlig unbestimmten „Wir" und einem ebenso unbestimmten „Ich" hin und her. Wer ist das Kollektiv, von dem Du behauptest, es würde „die Krankheit" beschönigen und sich an jeden rettenden Strohhalm klammern „zum Schutze unserer Promiskuität"? An wen denkst Du, wenn Du schreibst, „wir haben wenig richtig und viel falsch verstanden"? Kategorisch rufst Du aus: „Wir müssen unser Verhalten ändern." Weißt Du eigentlich, wie sich die Homosexuellen verhalten? Vielleicht verhalten sich viele von ihnen schon längst so, wie du meinst, daß sie sich verhalten müßten!

Ich fürchte, Du verstehst von dem Krankheitsbild AIDS und dem Virus, das mit ihm in Zusammenhang gebracht wird, zu wenig. Daran könnte es auch liegen, daß Du AIDS zu einer gigantischen Metapher stilisierst, obgleich Du den fulminanten Essay von Susan Sontag erwähnst, in dem sie gegen den metaphorischen Umgang mit Krankheiten polemisiert. Hättest Du ihn nur gelesen, dann hättest Du auf der ersten Seite einen Satz gefunden, der als Motto für den Umgang mit AIDS genommen werden sollte. Susan Sontag sagt dort, daß der metaphorische Umgang mit einer Krankheit krank macht und „daß die ehrlichste Weise, sich mit ihr auseinanderzusetzen – und die gesündeste Weise, krank zu sein –, darin besteht, sich so weit wie möglich vom metaphorischen Denken zu lösen, ihm größtmögliche Widerstandskraft entgegenzusetzen". Bei Dir aber wird AIDS zu einem mysteriösen Übel, von dem eine auserwählte Gruppe befallen ist: „Warum trifft es uns Schwule, so fragen wir uns, jahrhundertelang verfolgt, gedemütigt und bestraft." Wer so fragt, wird keine Antwort erhalten. Er drückt jedoch tiefverwurzelte Schuldgefühle aus und benützt AIDS als ein Vehikel, die Homosexualität einmal mehr in eine metaphysische Schuld zu überführen.

Unmetaphorisch betrachtet läßt sich über AIDS bislang so viel sagen: Das für AIDS verantwortlich gemachte Virus hat durch ein Ereignis, das Zufall zu nennen nur deshalb angeht, weil wir noch nicht wissen, wie es sich wirklich verhielt, Eingang in die Gruppe der homosexuellen Männer gefunden. Es hätte genauso gut irgendwo anders sich einnisten können. Die Ausbreitung des Virus unter homosexuellen Männern hängt, da es nun einmal sexuell übertragbar ist, mit den in gewissen Regionen der Subkultur üblichen Verkehrsformen zusammen. Der stabil hohe Anteil an homosexuellen Männern unter den Erkrankten ist darauf zurückzuführen, daß sie in der Regel nur mit ihresgleichen sexuelle Kontakte haben.

Erwähnt man die Verkehrsformen eines Teils der homosexuellen Subkultur, muß man von den Orten sprechen, in denen promiskes Verhalten gepflegt und befördert wird. Auch Du versäumst es nicht, auf die Promiskuität hinzuweisen. Das haben vor Dir auch schon die Epidemiologen und Virologen getan, die die Promiskuität einen Risikofaktor nennen. Bei Dir wird die Promiskuität jedoch umstandslos zu einem moralisch minderwertigen Verhalten. Dadurch, daß Du aus den statistisch-epidemiologischen Kategorien „Risikofaktor" und „Risikogruppe" moralische Kategorien machst, stigmatisierst Du das gesamte Kollektiv der Homosexuellen. Du zögerst nicht zu schreiben, „jede Ansteckung, die wir verursachen, kann fahrlässige Tötung sein". Nein, Rosa: Wir haben nicht alle AIDS. Die Homosexuellen haben ein höheres Risiko, an AIDS zu erkranken. Das macht einen entscheidenden Unterschied. Die Philister werden sich aber für Deine Transformation epidemiologischer Kategorien in moralische bedanken.

Selbstverständlich ist für jemand, der mit vielen verschiedenen Partnern sexuelle Kontakte hat, das Risiko, sich eine sexuell übertragbare Krankheit zu holen, größer als für jemand, der nur mit wenigen Partnern Sex hat. Auch ist für den ersteren die Wahrscheinlichkeit größer, ohne sein Wissen Träger des Krankheitserregers zu sein. Ist das aber schon, wie Du zu glauben scheinst, eine moralische Ungeheuerlichkeit? So kann man doch nur argumentieren, wenn man der Ansicht ist, die Sexualität sei an sich eine moralisch zweifelhafte Angelegenheit.

Ich bin kein besonderer Freund von Analogien, weil sie zumeist nicht sehr weit tragen. Gleichwohl will ich hier auf die Teilnahme am Straßenverkehr verweisen, weil ich glaube, daß das Beispiel nicht zu konstruiert wirkt. Wenn ich ein Auto benutze, gehe ich ein Risiko ein, mich und andere zu gefährden. Das duldet angesichts der hohen Zahlen der im Straßenverkehr Verletzten und Getöteten keinen Zweifel. Das Risiko der Fremd- und Selbstgefährdung wird um so größer, je häufiger ich am Straßenverkehr teilnehme bzw. je mehr Kilometer ich innerhalb einer bestimmten Zeiteinheit fahre. Stehe ich aber deshalb, weil ich mein Auto häufiger benutze und somit sowohl aktiv als auch passiv das Risiko eines schlimmstenfalls tödlichen Unfalls erhöhe, moralisch niedriger als andere? Wohl kaum, es sei denn, man hält Autofahren an sich für eine Untat.

Du hättest also schon radikaler sein müssen, um einzulösen, was Du versprochen hast, nämlich Deinen Lesern zu sagen, was zu tun sei. Ich nehme jedoch an, Du schrecktest davor zurück oder hast es selbst als absurd empfunden, den Homosexuellen zu empfehlen, auf alle sexuellen Kontakte miteinander zu verzichten. Moralisch wird ja nach Deiner Argumentation jetzt die Masturbation! Statt dessen läßt Du Deine Leser wissen, daß Du jetzt „oft am Nachmittag mal ein Stündchen in die Sauna" gehst, dabei aber immer vorsichtig und äußerst wählerisch bleibst. Ist der Besuch einer Sauna am Nachmittag deshalb gesünder, weil dann nur Künstler, Intellektuelle und Studenten anwesend sind, oder wie sollen wir Dein Rezept verstehen?

Mit magischem Denken, liebe Rosa, ist AIDS gewiß nicht beizukommen. Auch nicht mit der Parole, auf die Du Dich neuerdings kaprizierst: Erst reden, dann ficken. Ich übergehe, daß Du damit suggerierst, die Homosexuellen seien insgesamt eine sprachlose Meute. Die Mehrzahl der Homosexuellen verhält sich schon längst so, wie du vorschlägst. Sprechen wir aber ruhig von jenen ausgewählten Bereichen der Subkultur, in denen es so zugeht, wie Du generell behauptest, in denen also der sexuelle Kontakt dem sprachlichen Kontakt vorausgeht.

Der Verzicht der Sprache kann als Ausdruck der größeren Triebnähe verstanden werden, die mit der Homosexualität in unterschiedlicher Ausprägung zusammenzufallen scheint. Auch wenn das so ist: Die

Sexualität der Homosexuellen wird dadurch nicht weniger gesund, weniger reif oder weniger richtig als die der Heterosexuellen. Wenn es einen Unterschied zwischen Heterosexuellen und Homosexuellen gibt, dann dürfte der in der größeren Triebnähe der letzteren liegen. Ich sage das, auch wenn das gegenwärtig nicht opportun erscheint, und möchte dazu gerne eine Stelle von Freud paraphrasieren. Freud spricht dort über den Unterschied zwischen dem Liebesleben der Alten Welt und dem unsrigen und meint, daß in der Antike der Akzent auf dem Trieb gelegen hätte, wir ihn aber auf das Objekt verlegten. „Die Alten feierten den Trieb und waren bereit, auch ein minderwertiges Objekt durch ihn zu adeln, während wir die Triebbetätigung an sich geringschätzen und sie nur durch die Vorzüge des Objektes entschuldigen lassen." Man braucht nur anstelle der „Alten" Homosexuelle einzusetzen, und man begreift die Differenz des Umgangs mit dem Trieb zwischen Heterosexuellen und Homosexuellen. Diese stärkere Akzentuierung des Triebes unter Homosexuellen ist keineswegs gleichbedeutend mit einer unmäßigen Triebhaftigkeit. Sie scheint mir jedoch eine der Wurzeln für den geheimen Neid, ja Haß auf Homosexuelle zu sein.

AIDS gibt den Moralisten einen Triumph in die Hand, weil sie zeigen können, was bei einem solchen Umgang mit dem Sexuellen herauskommt. Dich mitten unter den Verteidigern der kulturellen Sexualmoral zu finden, wird nicht nur mich überrascht haben. Wir mußten in den letzten Wochen beobachten, daß der alte Haß auf Homosexuelle wieder virulent wird. Das mag für diejenigen überraschend sein, die glaubten, er sei überwunden. Er war jedoch in den vergangenen Jahren nur tiefer verdrängt und begegnet uns jetzt im Gewande der Gesundheitsfürsorge wieder. Das gilt freilich auch für den Selbsthaß der Homosexuellen, was man an Deinem Beitrag für den SPIEGEL ablesen kann. Sollten sich im Gefolge von AIDS der Selbsthaß der Homosexuellen mit dem Haß auf sie verbünden, dann ist Schlimmes zu befürchten.

Tiefer Pessimismus ist angebracht, wenn schon einer wie Du, der dieser Gesellschaft in den vergangenen Jahren in der Rolle des Hofnarren immer wieder die Wahrheit sagte, zum Narren zu werden beginnt.

Sexuelle Liberalisierung und AIDS

In den vergangenen Jahrzehnten ist ein Prozeß der gesellschaftlichen Organisation der Sexualität abgelaufen, den wir uns angewöhnt haben, sexuelle Liberalisierung zu nennen. Zwar ist nicht nur unter Sexualwissenschaftlern umstritten, ob zur Kennzeichnung dessen, was erreicht wurde, das Adjektiv „liberal" ohne Einschränkungen angewandt werden kann. Gemessen am vormaligen Umgang mit der Sexualität, scheint mir die Charakterisierung des in den vergangenen zwei Jahrzehnten abgelaufenen Prozesses als liberal jedoch gerechtfertigt zu sein. Nach dem liberalen Verständnis ist die Sexualität als ein Bereich anzusehen,

- welcher der persönlichen Lebensgestaltung zugehört,
- der der freien Entscheidung der Individuen überlassen bleiben sollte,
- in den nur dann eingegriffen werden darf, wenn dies von den Menschen selbst gewünscht wird.

Das sind freilich sehr idealtypische Charakterisierungen der sexuellen Liberalisierung. Die sexuelle Wirklichkeit funktionierte keineswegs durchgängig nach den vorgenannten liberalen Prinzipien. Auch während der liberalen Periode existierte ein Sexualstrafrecht, das sexuelle Handlungen pönalisierte, denen weder Gewalt noch Zwang anhaftet. Jenseits des Rahmens, den das Sexualstrafrecht absteckt, kam es auch in der Vergangenheit immer wieder zu gesellschaftlichen Eingriffen in die Sexualität der Menschen. Auch wurde von der Sexualwissenschaft, die gleichsam Trägerin der liberalen Prinzipien war, die Präformierung der sexuellen Wünsche und die Kanalisierung des sexuellen Verlangens durch die gesellschaftliche Totalität nicht ausreichend reflektiert. Gerade in der Hochblüte der Liberalisierung wurde der soziale Zwang, der auf den Individuen lastet, zu niedrig und die Freiheit der Subjekte zu hoch veranschlagt.

Das alles spricht jedoch nicht gegen die liberalen Prinzipien. An ihnen ist festzuhalten, und die Widerstände, die sich ihrer Verwirklichung entgegenstellen, sind abzutragen. Nachhaltiger noch, als es bisher gelang, wären die wesentlichen Gedanken, die die sexuelle Liberalisierung hervorbrachte, in den Köpfen der Menschen zu verankern.

Zurückgedrängt, wenn auch nicht völlig abgetragen, hat die sexuelle Liberalisierung die traditionellen sexualmoralischen Vorstellungen. Sie sind inzwischen bloßes Rudiment, das nur noch in eingegrenzten gesellschaftlichen Gruppen Gültigkeit hat. Gegen die liberale Sexualwissenschaft ist dann auch der Vorwurf erhoben worden, sie habe durch die von ihr betriebene Zurückdrängung der traditionellen Sexualmoral eine der wesentlichen Grundlagen für einen humanen sexuellen Umgang miteinander aufgelöst. Das Sexualverhalten könne ohne Gefahr für die Humanität nicht dem Belieben der Individuen überlassen bleiben. Die liberale Sexualwissenschaft verfüge ihrerseits über kein moralisches Kriterium zur Regelung des sexuellen Umgangs der Menschen miteinander und habe dem sexuellen Egoismus Tür und Tor geöffnet.

Allein dieser Vorwurf trifft nicht, schon deshalb nicht, weil Beziehungen zwischen Sexualpartnern persönliche Beziehungen sind, und als solche geben sie, wie die Aufklärungsmoral lehrt, allemal „zu moralischen Verpflichtungen"[1] Anlaß. Viel eher ist der traditionellen Sexualmoral der Vorwurf zu machen, daß sie eine breite Palette sexueller Formen außerhalb eines Bereiches angesiedelt hat, über den moralische Diskurse geführt werden können. Durch die sexuelle Liberalisierung ist die Möglichkeit, sexuelles Handeln moralisch zu beurteilen, keineswegs geschwunden. Allerdings hat die sexuelle Liberalisierung einer Sexualmoral den Boden entzogen, die sexuelle Formen, je nachdem wie nah oder fern sie den traditionellen heterosexuellen Handlungen stehen, werthierarchisch ordnete. Der liberalen Sexualmoral ist dagegen alle Sexualität gleich, solange sie sich nach dem folgenden Grundsatz richtet: Wo Sexualität zwischen zwei oder mehr Individuen stattfindet, soll es zu einem reziproken Austausch sexueller Lust und zu gegenseitiger sexueller Befriedigung kommen. Ob es sich bei einer sexuellen Begegnung um eine homosexuelle, heterosexuelle oder um welche auch immer handelt, ist der liberalen Sexualmoral prinzipiell gleichgültig.

In diesem Grundsatz der liberalen Sexualmoral ist sowohl das Eigeninteresse – ich möchte Lust erleben – als auch das Interesse des anderen – der Partner soll Lust erleben – enthalten. Auch wird das Eigeninteresse an dem Erleben sexueller Lust durch die mögliche Unlust des Sexualpartners kontrolliert. Weitere Rechte sind nach den Vorstellungen liberaler Sexualmoral aus einer sexuellen Beziehung nicht abzuleiten.

Entkoppelt hat die sexuelle Liberalisierung demnach auch die Verschweißung von Sexualität und Liebe, welche in der Vergangenheit vorherrschte. Das führte zeitweise bei ihren Anhängern zu der Auffassung, als ob die absolute Entkoppelung von Sexualität und Liebe möglich sei. Beim Versuch, diese Vorstellung in die Praxis umzusetzen, sind nicht wenige schmerzlich gescheitert. Sie mußten die Erfahrung machen, daß Sexualität und Liebe nicht gänzlich auseinandergerissen werden können. Diese schmerzlichen Erfahrungen sind jedoch kein Anlaß, die Subjektivierung der Sexualität, wie sie sich unter der Herrschaft der sexuellen Liberalisierung abzeichnete, zurückzudrehen. Sie waren und sind für viele Menschen vielmehr Anstoß, miteinander über die Formen des guten sexuellen Lebens nachzudenken, ohne die liberalen Grundsätze aufzugeben und die Regulierung der Sexualität erneut an Institutionen abzutreten.

Von nicht wenigen wurde nach dem Auftreten von AIDS befürchtet, es könne im Gefolge dieser Krankheit zu einem Zusammenbruch dessen kommen, was die sexuelle Liberalisierung wenigstens dem Gedanken nach hervorgebracht hat. Andere wiederum, unter ihnen Gunter Schmidt, teilen diese Befürchtungen nicht. Er hat vor kurzem die These aufgestellt, die sexuelle Liberalisierung sei in einer Überflußgesellschaft nicht rückgängig zu machen, weil beides zusammengehöre. An gleicher Stelle hat er diejenigen beruhigt, die glauben, es käme im Gefolge von AIDS zu einer Kehre im Umgang mit der Sexualität. Widerstand gegen die Liberalisierung, auch die Ausnutzung der Angst vor AIDS für diese Zwecke, hält er für anachronistisch und kurzatmig.[2]

Ich bin leider in dieser Hinsicht nicht ganz so sicher, wie Gunter Schmidt das zu sein scheint. Zumindest glaube ich, daß der Prozeß der Liberalisierung – und der Ausdruck Liberalisierung meint ja so etwas wie eine Bewegung hin zu mehr Liberalität – erst einmal zum Stillstand gekommen ist. Das aber bedeutet, daß solche Formen der Sexualität, denen gegenüber der liberale Anspruch noch nicht wirklich eingelöst war, vorerst nicht damit rechnen können, in den Sog der Liberalisierung zu geraten. Ich befürchte darüber hinaus, daß im Gefolge von AIDS auch die skizzierten sexualliberalen Grundsätze aufgegeben oder doch entscheidend zurückgedrängt werden könnten. Skeptisch machen mich nicht nur einige Begleitumstände von AIDS, auf die ich später noch eingehen werde. Ich bin auch deshalb pessimistischer als Gunter Schmidt, weil mich seine zentralen Prämissen, aus denen er die „Haltbarkeit" der sexuellen Liberalisierung ableitet, nicht überzeugen.

Schmidts Überzeugung steht und fällt mit der These, daß es in einer Überflußgesellschaft, die auf den Konsum von immer mehr Waren angewiesen ist, dysfunktional wäre, das Bedürfnis nach Sexualität zu unterdrücken. Damit zusammenhängen soll auch ein liberaler Umgang mit der Sexualität. Die gegenwärtige Gesellschaft sei aus ökonomischen Gründen auf „Sofort-Befriediger" angewiesen. „Der Sozialcharakter des angepaßten Menschen in den westlichen Gesellschaften ist schon deshalb durch sexuelle Freizügigkeit gekennzeichnet."[3] Gewiß trachtet alles danach, den Menschen einzuhämmern, ohne Unterlaß zu konsumieren. Und das sexuelle Bedürfnis der Menschen wird, wovon uns die Werbung immerfort überzeugt, dafür gründlich in Regie genommen. Ist aber die Indienstnahme des Bedürfnisses nach Sexualität gleichbedeutend mit sexueller Freizügigkeit? Frei erscheint die Sexualität nur da, wo sie dem Konsumismus dient. Wollte aber einer sein Bedürfnis nach Sexualität im freien Geschlechtsverkehr genießen, stieße er rasch an die Grenzen, die dem Sexuellen gesteckt sind. Die sexuelle Freizügigkeit ist in den westlichen Industriegesellschaften bloßer Schein, und der Sozialcharakter der Menschen ist dadurch gekennzeichnet, daß alle so tun, als ob sie sexuell freizügig wären. Käme jedoch einer auf die Idee zu verlangen, was dieser Sozialcharakter in seinem verlockenden Outfit vorspiegelt, würde er zum Narr, der den Schein für die Wirklichkeit genommen hat. Wahr ist, daß sich die Unterdrückung des Bedürfnisses nach Sexualität mit der Überflußgesellschaft nicht verträgt. Eine Regulierung der Sexualbeziehungen der Menschen scheint sich dagegen mit den Notwendigkeiten einer Überflußgesellschaft gut zu vertragen. Darauf deutet einiges im gesellschaftlichen Umgang mit AIDS hin.

Zwar hat die Liberalität in der Bundesrepublik auf den ersten Blick dem durch AIDS ausgelösten Ansturm auf die Sexualität bislang standgehalten. Von wenigen Ausnahmen abgesehen, kam es bisher nicht zu unmittelbaren Eingriffen staatlicher Institutionen in die Sexualität der Menschen, auch nicht in diejenige der sogenannten Hauptrisikogruppen. Das hat freilich einen simplen Grund. Der Staat hat die Eingriffe in die Sexualität delegiert und sie den Angehörigen der sogenannten AIDS-Risikogruppen übertragen, die sich in den verschiedensten AIDS-Hilfen organisiert haben. Der Staat hat die Arbeit der zahlreichen Initiativen mit beträchtlichen Mitteln unterstützt. Objektiv gesehen mögen die Mittel noch viel zu niedrig sein. Auch mag die Genehmigung der Mittel zu bürokratisch und langwierig sein, wie die AIDS-Hilfen beklagen. Gleichwohl ist das finanzielle Engagement des Staates beträchtlich.

Der Staat delegiert eine Aufgabe, die er für notwendig erachtet. Er delegiert diese Aufgabe an Gruppen, die er zumindest in Teilbereichen für geeigneter hält, als er es selbst wäre, durchzusetzen, was jetzt notwendig ist. Notwendig ist die Aufklärung bestimmter Zielgruppen bzw. der gesamten Bevölkerung über die Übertragung des AIDS auslösenden Virus. Da dieses Virus in der Regel über sexuelle Kontakte übertragen wird, ist die Aufklärung gleichbedeutend mit einer Aufklärung über den richtigen Gebrauch der Sexualität. Aufgeklärt, wie die staatlichen Organe heutzutage sind, wissen sie, daß sie weder die Sprache derjenigen sprechen, die erreicht werden sollen, noch die Sprache der Sexualität beherrschen, vor allem dann nicht, wenn die Sexualität der Zielgruppen aus dem Rahmen des Üblichen fällt. Auch ist den reflektierteren Repräsentanten des Staates nicht entgangen, daß bestimmte Zielgruppen der AIDS-Aufklärung ein tiefes Mißtrauen gegenüber dem Staat hegen. Entstanden ist dieses Mißtrauen dadurch, daß der Staat in der Vergangenheit aktiv an der Marginalisierung dieser Gruppen beteiligt war bzw. deren gesellschaftlicher Marginalisierung nichts entgegensetzte. In einer Situation, in der es notwendig ist, die Sexualität umzuformen bzw. in eine andere Richtung als die bisherige zu kanalisieren, wäre es demnach ineffizient, wenn sich der Staat unmittelbar dieser Aufgabe annehmen würde. Repressive staatliche Maßnahmen würden sich noch verheerender auswirken. Effizient kann die notwendige Umstrukturierung der Sexualität nur dadurch werden, daß sich der Staat weitgehend zurückhält.

Wenn gleichwohl die bisherige Zurückhaltung des Staates kritisiert und repressive Maßnahmen einzelner Bundesländer wie die Bayerns begrüßt werden, dann nicht deshalb, weil die Vertreter dieser Position glaubten, eine harschere Gangart des Staates würde die Ausbreitung von AIDS bzw. der HIV-Infektion eindämmen. Der Staat wird kritisiert, weil er bislang nicht als strafende Instanz gegenüber denjenigen auftrat, denen sexuelle Verfehlungen und damit Schuld an der Ausbreitung der HIV-Infektion zugeschrieben werden. Die Bevölkerung mag ja glauben, daß die Registrierung und namentliche Erfassung AIDS-Kranker und HIV-Infizierter und als Konsequenz daraus die Durchführung von Zwangstests auf HIV-Antikörper die Ausbreitung der HIV-Infektion verhindern könnten. Wird die Bevölkerung aber nicht eines Besseren belehrt, also aufgeklärt, sondern in ihrem Wunschdenken dadurch bestärkt, daß sie mit besonders tragischen, aber äußerst seltenen Infektionsketten konfrontiert wird, dann ist das schiere Demagogie. Der größte unter den AIDS-Demagogen hierzulande, Peter Gauweiler, wird dann auch nicht müde, immer wieder auf jenen Mann hinzuweisen, der sich bei einer drogenabhängigen Prostituierten mit dem HIV infiziert und diese Infektion auf seine schwangere Frau übertragen hat, die schließlich ein infiziertes Kind zur Welt brachte. Suggeriert werden soll damit, daß die Aufklärung wirkungslos sei und nur eine namentliche Meldepflicht oder andere repressive Maßnahmen die Begegnung dieses Mannes mit der Prostituierten und damit die tragische Infektionskette verhindert hätten.

Repressive staatliche Maßnahmen werden von ihren Befürwortern mit dem Verweis auf die Grenzen der Aufklärung begründet. Das von der Aufklärung anvisierte Ziel sei deshalb nicht zu erreichen, weil sexuelles Handeln etwas mit Trieb und Leidenschaft zu tun habe. Aber genausowenig wie Sexualität auf bewußte Vorgänge zu reduzieren ist, ist sexuelles Handeln auf irrationales Handeln zu reduzieren. Sexuelles Handeln funktioniert nicht bloß nach dem Lustprinzip, sondern es ist auch dem Realitätsprinzip unterworfen. Bei jeder sexuellen Handlung sind Kräfte des Ichs im Spiel, die zwischen den Ansprüchen der Außenwelt und den Ansprüchen der Triebe eine Vermittlungsfunktion einnehmen. Verändert sich, wie durch AIDS, die äußere Realität in der Weise, daß sexuelles Handeln unter Umständen mit einem tödlichen Risiko belastet ist, werden die Ansprüche des Ichs gegenüber den Anforderungen der Triebe stärker. Seinen Niederschlag findet dies in einer Veränderung des sexuellen Verhaltens. Dem Ich steht in seinem

Abwehrkampf gegen sexuelle Triebregungen als mächtiger Agent die Angst vor einer Infektion zur Verfügung.

Mancherorts ist die Angst vor AIDS bereits so groß, daß als Mittel zur Verhütung von HIV-Infektionen sexuelle Enthaltsamkeit oder gar Keuschheit empfohlen werden. Solche Empfehlungen werden schnell als töricht abgetan, weil sie nicht praktikabel sind. Hinter ihnen steckt zumeist auch eine gewaltige Portion neurotischer Angst. In ihnen drückt sich aber auch Realangst aus, denn AIDS ist nun einmal kein Hirngespinst. In solchen Gedanken meldet sich in unverstellter Weise ein Trieb zu Wort, von dessen Äußerungen die Sexualität in der jüngsten Vergangenheit nicht gestört wurde. Dieser Trieb springt indes auch den vernünftigeren Vorschlägen zur AIDS-Prävention bei. Ohne dessen Zutun wären sie wahrscheinlich nicht zu realisieren. Die Rede ist vom Selbsterhaltungstrieb, der im Gefolge der AIDS-Angst seine Ansprüche gegenüber den Sexualtrieben anmeldet. Manche Vorschläge, die zur Eindämmung von AIDS gemacht werden, sind in der Tat nur dann zu verstehen, wenn sie als Äußerungen des um den Sexualtrieb gereinigten Selbsterhaltungstriebs genommen werden. Aber auch da, wo die Vorschläge zum Umgang mit AIDS weniger rigoros sind, zielen sie auf eine veränderte Legierung von Sexual- und Selbsterhaltungstrieben ab.

Am deutlichsten abgelesen werden kann das an der Reaktion der männlichen Homosexuellen auf AIDS. Die Angst vor AIDS und die unter dem Stichwort „Safer Sex" laufenden Aufklärungsprogramme haben, wenn die vorliegenden Studien die Wirklichkeit der Homosexuellen auch nur einigermaßen korrekt wiedergeben, das sexuelle Verhalten der homosexuellen Männer in einem tiefgreifenden Ausmaß verändert. Nicht nur ungebunden lebende homosexuelle Männer haben ihr Verhalten in einer im Wortsinne dramatischen Weise verändert. Sie sind, wenn sie sich begegnen, angestrengt bemüht, sich einander vom Leibe zu halten. Auch auf den Beziehungen der homosexuellen Männer lastet AIDS und schlägt sich im Zwang zur Monogamie nieder.

Nun ist die Situation der homosexuellen Männer insofern spezifisch, als sie von AIDS in mehrfacher Hinsicht hochgradig bedroht sind, und deshalb ist auch nicht ohne weiteres auf Heterosexuelle zu übertragen, was sich unter Homosexuellen abzeichnet. In der Bundesrepublik sind bis zum 31.3.1987 999 AIDS-Fälle bekannt geworden. Darunter waren 758, also 75,9 Prozent „homo- oder bisexuelle Männer". Diese Zahlen bringen jedoch nur unvollkommen zum Ausdruck, wie drohend nah AIDS homosexuellen Männern ist. Zunehmend mehr von ihnen sind durch einen Freund, einen engen oder ferneren Bekannten unmittelbar mit AIDS konfrontiert. Es gibt inzwischen auch in der Bundesrepublik kaum mehr einen homosexuellen Mann, der nicht einen AIDS-Kranken oder zumindest einen HIV-Infizierten kennt. Aber auch ohne diese unmittelbare Berührung mit Kranken oder Infizierten fühlen sich alle Homosexuellen durch AIDS bedroht. Das hängt damit zusammen, daß das einzig Spezifische, das homosexuelle Männer miteinander gemein haben, ihre Sexualität ist. Wie unterschiedlich sie nach sozialer Herkunft, gegenwärtiger sozialer Position und Lebensstil auch sein mögen: durch die ihnen eigene Sexualität werden sie einander gleich. Weil mit ihrer Sexualität, gleich wie sie gelebt wird, immer auch ein spezifisches soziales Schicksal verknüpft ist, wird ihnen die Sexualität gleichsam zum Medium der Solidarität und Identifikation miteinander. Wenn es so etwas wie eine kollektive Identität unter homosexuellen Männern gibt, dann ist diese über ihre Sexualität gestiftet worden. Über die Sexualität und dem mit ihr zusammenhängenden Schicksal werden sie objektiv zu einer Gruppe, wie fremd dem einzelnen Homosexuellen der Gedanke, einer besonderen sozialen Gruppe zuzugehören, subjektiv auch sein mag.

Ohne die geschilderten Mechanismen ist die Wirkung der AIDS-Prävention unter homosexuellen Männern nicht zu erklären. In den vergangenen Jahrzehnten haben sich homosexuelle Männer durch ein vergleichsweise geringeres Maß an Rationalität und Kontrolle über ihre Sexualität von anderen Sexualitäten unterschieden. Jetzt unterscheiden sie sich durch ein Maß an Kontrolle über ihre Sexualität, das aufzurichten viele Theoretiker der Homosexualität noch vor kurzem für unmöglich gehalten hätten.

Ob die bisher unter homosexuellen Männern beobachtbaren Veränderungen im Umgang mit ihrer Sexualität dauerhaft sein werden, bleibt abzuwarten. Der von AIDS ausgehende innere und äußere Druck auf homosexuelle Männer wird aber in Zukunft nicht geringer werden. Auch künftig werden homosexuelle Männer zu der am meisten von AIDS betroffenen Gruppe gehören. Schon deshalb werden sie neben den i.v.-Drogenabhängigen die zentrale Zielgruppe der AIDS-Aufklärung bleiben müssen und wie diese und die Prostituierten zum Objekt möglicher Repressionen gegen HIV-Infizierte und AIDS-Kranke werden. Je länger sie jedoch zum Objekt der AIDS-Prävention werden und je länger diese Krankheit unter ihnen wütet, desto nachhaltiger wird sich ihre Sexualität umstrukturieren, und der situativ notwendige und vernünftige Selbstschutz, der gleichzeitig ein Schutz der anderen ist, wird sich von der realen Gefahr ablösen und zur dauerhaften und nicht mehr spürbaren Selbstkontrolle werden.

AIDS wird aber nicht nur die Sexualität der homosexuellen Männer verändern. Längst hat AIDS und die öffentliche Diskussion dieser Krankheit auf den kollektiven Umgang mit Sexualität übergegriffen. Nachdem AIDS überhaupt ein nennenswertes gesellschaftliches Interesse auf sich gezogen hatte, wurde die Krankheit und später das sie auslösende Virus als spezifisch für homosexuelle Männer und i.v.-Drogenabhängige angesehen, mehr noch, es wurde der Anschein erweckt, als ob das Virus gleichsam von diesen Risikogruppen produziert worden sei. In diesem Stadium war die Angst auf jene Risikogruppen, für die der Satz gilt, AIDS bekommt man nicht, AIDS holt man sich, begrenzt, bei gleichzeitiger Indolenz der Gesamtgesellschaft gegenüber ihren Problemen. Von Anbeginn an war die Angst dieser Risikogruppen eine doppelte. Viele hatten Angst davor, infiziert zu sein oder zu werden und möglicherweise zu sterben, und alle hatten Angst vor der im Gefolge von AIDS sich neu formierenden gesellschaftlichen Verfolgung.

Ein neues Stadium im Umgang mit AIDS wurde nach dem Zusammenbruch der kollektiven Abwehr und der danach sich durchsetzenden Einsicht, AIDS bzw. eine HIV-Infektion könne theoretisch jeden treffen, erreicht. In diesem Stadium begann eine unvergleichliche Medienkampagne, die Angst machte und sogleich, um dieser Angst zu begegnen, neue Reaktionen in den Medien hervorzwang, die ihrerseits aber kaum dazu geeignet waren, die ausgeuferten Ängste einzudämmen. Die Parole für dieses neue Stadium lautete: „AIDS geht jeden an". Damit war die Sexualität aller Menschen erreicht, was sich in einem kollektiv ausgebrochenen Geständniszwang über „sexuelle Fehltritte" in der Vergangenheit, massenhaften „freiwilligen" Tests auf HIV-Antikörper und einer Veränderung der Zielrichtung der AIDS-Prävention ausdrückte. Die Parole „AIDS geht jeden an" ist nicht zuletzt von den Angehörigen der sogenannten Risikogruppen erleichtert aufgegriffen worden. Sie glaubten, mit dieser Parole sei die Gefahr gesellschaftlicher Repressionen gegen homo- bzw. bisexuelle Männer, i.v.-Drogenabhängige und Prostituierte geringer geworden. Wenn AIDS jeden angeht, dann sind, so schien man zu glauben, keine gezielten Maßnahmen gegen die Hauptrisikogruppen zu erwarten. Das war, wie die bayerischen AIDS-Maßnahmen lehren, eine Täuschung.

Geht AIDS tatsächlich jeden an? AIDS geht jeden an, weil jeder, der sexuell aktiv ist, zumindest ein theoretisches Risiko hat, sich mit dem HIV zu infizieren. Ein solches Risiko ist zwar theoretisch gegeben. Für durchschnittliche Angehörige von Nicht-Risikogruppen ist die Wahrscheinlichkeit, infiziert zu sein bzw. sich beim Geschlechtsverkehr zu infizieren, aber nach wie vor außerordentlich gering. Das hängt nicht nur damit zusammen, daß außerhalb der sogenannten Risikogruppen AIDSspezifische Risikosituationen weitaus seltener vorkommen, sondern vor allem damit, daß die Durchseuchung mit dem HIV außerhalb der Risikogruppen nach wie vor verschwindend gering ist. Davon aber ist in den Medien nichts zu finden, und so hat sich das Bewußtsein dahingehend verkehrt, daß aus einer theoretisch möglichen, aber höchst unwahrscheinlichen Gefahr eine wirkliche und akute Gefahr für alle wurde. Zumindest der Tendenz nach gilt jetzt auch für die Heterosexualität, was an der Homosexualität aufgezeigt wurde.

AIDS und die diese Krankheit begleitenden gesellschaftlichen Vorgänge führen zu einer Umstrukturierung des Umgangs jedes einzelnen mit seiner Sexualität und vermittelt darüber auch zu tiefgreifenden Veränderungen der Paarbeziehungen.

Die Angst vor AIDS ist die Angst davor zu sterben. Weil aber für die Mehrzahl der Menschen die einzige Möglichkeit, sich mit dem „AIDS-Virus" zu infizieren, in ihrer Sexualität liegt, wird die Angst vor dem Tod zur Angst vor der Sexualität. Solange weder ein Impfstoff noch eine Therapie in Sicht sind, ist die Sexualität das alleinige Medium zur Rettung von Gesundheit und Leben.

Die Angst vor AIDS ist so gewaltig geworden, daß der Widerstand der Menschen gegen von außen kommende Eingriffe in ihre Sexualität nahezu erlahmt ist. Sie sind bereit, die in der Phase der sexuellen Liberalisierung hervorgebrachte Subjektivierung der Sexualität zur

Disposition zu stellen und die Entscheidung über das richtige Sexualverhalten anderen zu überlassen. Die Richtung, die durch AIDS der
Sexualität aufgezwungen wird, ist mit dem, was die sexuelle Liberalisierung einmal meinte, nicht zu vereinbaren.

Anmerkungen

Die Ordnung des Sexuellen

1 Vgl. V. Sigusch: Lob des Triebes. In: M. Dannecker u. V. Sigusch (Hrsg.): Sexualtheorie und Sexualpolitik. Ergebnisse einer Tagung. Beiträge zur Sexualforschung, Bd. 59. Stuttgart 1984; G. Schmidt: Motivationale Grundlagen sexuellen Verhaltens. In: Enzyklopädie der Psychologie, Bd. 2 der Serie Motivation und Emotion, hrsg. von H. Thomae. Göttingen 1983; sowie ders.: Kurze Entgegnung auf Volkmar Siguschs „Lob des Triebes". In: M. Dannecker u. V. Sigusch: a.a.O.

2 Vgl. F. Morgenthaler: Sexualität und Psychoanalyse. In: M. Dannecker u. V. Sigusch: a.a.O.

3 F. Morgenthaler: a.a.O., S. 20.

4 G. Bataille: Die Tränen des Eros. München 1981, S. 247.

5 Vgl. G. Boccaccio: Das Dekameron. Dritter Tag, Erste Geschichte.

6 Vgl. M. de Montaigne: Essais. Drittes Buch, Fünftes Kapitel.

7 Vgl. hierzu W. Sombart: Die Säkularisation der Liebe. In: Ders.: Liebe, Luxus und Kapitalismus. Über die Entstehung der modernen Welt aus dem Geist der Verschwendung. Berlin o. J.

8 Ph. Ariès: Liebe in der Ehe. In: Ders. u. A. Béjin (Hrsg.): Die Masken des Begehrens und die Metamorphosen der Sinnlichkeit. Zur Geschichte der Sexualität im Abendland. Frankfurt a. M. 1984, S. 173.

9 G. W. F. Hegel: Werke in zwanzig Bänden. Bd. 7: Grundlinien der Philosophie des Rechts. Frankfurt a. M. 1970, S. 310.

10 G. W. F. Hegel: a.a.O., S. 315.

11 Ph. Ariès: a.a.O., S. 173.

12 Ph. Ariès: a.a.O., S. 174.

13 Vgl. V. Sigusch u. G. Schmidt: Jugendsexualität. Dokumentation einer Untersuchung. Beiträge zur Sexualforschung, Bd. 52. Stuttgart 1973, S. 41 ff.

14 R. Reiche: Sexualität und Klassenkampf. Frankfurt a. M. 1968, S. 167.

Leidenschaft hat keinen sittlichen Ort

1 A. F. Schischkin: Grundlagen der marxistischen Ethik. Berlin (DDR) 1965, S. 386.

2 G. W. F. Hegel: Werke in zwanzig Bänden. Bd. 14: Vorlesungen über die Ästhetik II. Frankfurt a. M. 1970, S. 172.

Die Lust am Verbot

1 G. Bataille: Die Tränen des Eros. München 1981, S. 69 f.
2 G. Bataille: a.a.O., S. 70.

Unsittliche Moral

1 Orientierung zur Erziehung in der menschlichen Liebe. Hrsg. von der Kongregation für das Katholische Bildungswesen. Stein am Rhein 1984, S. 19.
2 K. Wojtyla: Liebe und Verantwortung. 2., durchges. Auflage. München 1981, S. 48.
3 Orientierung zur Erziehung in der menschlichen Liebe: a.a.O., S. 9 f.
4 A. Augustinus: Bekenntnisse. München 1982, S. 199.
5 K. Wojtyla: a.a.O., S. 59 f.

Ursachen der Homosexualität?

1 Vgl. G. Dörner (ed.): Endocrinology of sex. Differentiation and neuroendocrine regulation in the hypothalamo-hypophysical-gonadal system. Leipzig 1974; ders.: Hormones and brain differentiation. Amsterdam, Oxford, New York 1976; ders. et al.: Neuroendocrine control of sexual behavior and psychosurgery. Paper read at the Fifth Annual Meeting, International Academy of Sex Research, August 20–22 1979, in Praha; ders.: Hormones and sexual differentiation of the brain. In: Sex, hormones and behavior. Ciba Foundation Symposium 62 (new series). Amsterdam, Oxford, New York 1979.
2 F. Morgenthaler: Homosexualität. In: V. Sigusch (Hrsg.): Therapie sexueller Störungen. 2., neubearb. u. erw. Auflage. Stuttgart 1980, S. 333.
3 Vgl. A. P. Bell et al.: Der Kinsey-Institut-Report über sexuelle Orientierung und Partnerwahl. München 1980.
4 A. P. Bell et al.: a.a.O., S. 85 ff.
5 Vgl. M. Dannecker u. R. Reiche: Der gewöhnliche Homosexuelle. Frankfurt a. M. 1974.
6 W. H. Masters u. V. E. Johnson: Homosexualität. Berlin, Frankfurt a. M., Wien 1980, S. 297.
7 Vgl. hierzu A. P. Bell: a.a.O., S. 111 f.

1 H. Riese u. J. H. Leunbach: Vorwort zum Bericht des zweiten Kongresses der Weltliga für Sexualreform. Copenhagen/Leipzig 1929.

2 Moll spielt hier auf den „I.Internationalen Kongreß für Sexualreform auf sexualwissenschaftlicher Grundlage" an. Dieser fand jedoch nicht im Jahre 1922, sondern schon 1921 statt.

3 A. Moll: Der „reaktionäre" Kongreß für Sexualforschung. In: Zeitschrift für Sexualwissenschaft, Bd. XIII, 1926/27, S. 322 f.; vgl. hierzu auch E. J. Haeberle: Swastika, Pink Triangle and Yellow Star. The Destruction of Sexology and the Persecution of Homosexuals in Nazi Germany. In: The Journal of Sex Research, Vol. 17, 1981, S. 270–287.

4 M. Hirschfeld: Zur Methodik der Sexualwissenschaft. In: Zeitschrift für Sexualwissenschaft, 1908, S. 682.

5 M. Hirschfeld: a.a.O.

6 Unter diesem Titel veröffentlichte der streitbare Homoerot Kurt Hiller seine zweibändigen Lebenserinnerungen. In den zwanziger Jahren leitete Hirschfeld das „Wissenschaftlich-humanitäre Komitee" gemeinsam mit Hiller.

7 M. Hirschfeld: Geschlechtskunde – auf Grund dreißigjähriger Erfahrung bearbeitet. I. Bd., Stuttgart 1926, S. 564.

8 M. Hirschfeld: Das angeblich dritte Geschlecht des Menschen. In: Zeitschrift für Sexualwissenschaft, Bd. VI, 1919/20, S. 26.

9 Vgl. M. Dannecker et al.: Stellungnahme zu den Forschungen des Endokrinologen Prof. Dr. Günter Dörner zum Thema Homosexualität. In: Sexualmedizin, 10. Jg., 1981, S. 110–111.

10 K. Dörner: Bürger und Irre. Frankfurt a. M. 1969, S. 243.

11 Vgl. R. Klare: Homosexualität und Strafrecht. Hamburg 1937.

12 H. Rohleder: Der heutige Stand der Eugenik. In: Zeitschrift für Sexualwissenschaft, Bd. II, 1915/16, S. 17.

13 M. Hirschfeld: Geschlechtsverirrungen (Originaltitel: Geschlechtsanomalien und Perversionen). Ein Studienbuch für Ärzte, Juristen, Seelsorger und Pädagogen. Konstanz o.J., S. 283.

14 Vgl. hierzu J. D. Steakley: The homosexual emancipation movement in Germany. New York 1975.

15 Vgl. Jahrbuch für sexuelle Zwischenstufen. 1. Jg., 1899, S. 241.

16 E. Bertz: Walt Whitman: Ein Charakterbild. In: Jahrbuch für sexuelle Zwischenstufen, 7. Jg., 1905, S. 164.

17 E. Bertz: a.a.O.

18 E. Bertz: a.a.O., S. 230.

19 Ch. W. Socarides: Der offen Homosexuelle. Frankfurt a. M. 1971, S. 330.

20 Vgl. J. D. Steakley: a.a.O., S. 32 f.

21 Der Ausdruck Urning wurde von Karl Heinrich Ulrichs in Anlehnung an Platos Gastmahl geprägt, wo die himmlische Aphrodite, die mutterlose

Tochter des Uranos als Stifterin der Liebe zwischen Männern gepriesen wird. Urnische Liebe bezeichnet demnach die mannmännliche Liebe und nicht etwa die Knabenliebe. Korrekt verwendet wird der Ausdruck nur da, wo er als Synonym für männliche Homosexuelle steht. Im Laufe der Jahre wurde er jedoch so populär, daß er seine ursprüngliche Schärfe einbüßte und auch zur Bezeichnung homosexueller Frauen angewendet wurde. Den frauenliebenden Mann bezeichnet Ulrichs in Anlehnung an Dione, die ursprüngliche Gattin des Zeus und Mutter der bei Plato irdisch genannten Aphrodite, als Dioning.

Zur strafrechtlichen Behandlung der Pädosexualität

1 Der Ausdruck Pädosexualität wird von mir in diesem Text nicht verwendet, um mich an den strafrechtlichen Umgang mit der Kinderliebe anzupassen. Zwar interessiert sich das Strafrecht in der Tat ausschließlich für pädosexuelle Handlungen, was insbesondere von den strukturierten Pädophilen als schreckliche Reduktion ihrer Beziehungen zu ihren kindlichen Liebesobjekten empfunden wird. Der Ausdruck Pädosexualität ist dem inzwischen geläufigen Ausdruck Pädophilie aber schon aus dem Grund vorzuziehen, weil er weniger verschleiernd ist. Diejenigen, die sich selbst Pädophile nennen, haben eben nicht nur ein geistiges oder sublimiert erotisches Interesse an Kindern, sondern durchaus ein sexuelles. Das bewußtseinsfähige sexuelle Interesse an Kindern ist es ja gerade, was jemand zum Liebhaber von Kindern macht. Spezifisch wird die Liebe der Pädophilen zu Kindern erst durch die offene Sexualisierung von ansonsten desexualisierten Beziehungen. Damit soll nicht behauptet werden, Pädophile seien ausschließlich sexuell an Kindern interessiert. Die Sexualität nimmt in ihren Beziehungen zu Kindern aber einen zentralen Rang ein, der nicht unterschlagen werden sollte.
2 Deutscher Bundestag. 6. Wahlperiode, Stenographischer Dienst: 28., 29. und 30. Sitzung des Sonderausschusses für die Strafrechtsreform. Bonn, 23., 24. und 25. November 1970, S. 1140.
3 A.a.O., S. 917.
4 A.a.O., S. 929.
5 A.a.O., S. 966.
6 A.a.O., S. 977.
7 A.a.O., S. 985.
8 A.a.O., S. 989.
9 A.a.O., S. 997f.
10 A.a.O., S. 1106.
11 A.a.O., S. 1113.
12 Zwar führen konsequente Fragen nicht unbedingt zu konsequenten Handlungen. Immerhin hat sich aber im Jahre 1970 ein Mitglied der CDU/CSU-

Bundestagsfraktion den Gedanken erlaubt, den § 176 zu streichen. Daran ist angesichts des hanebüchenen Umgangs mit dem von den GRÜNEN in Nordrhein-Westfalen beschlossenen Programmteil „Sexualität und Herrschaft" zu erinnern, der, nachdem Kübel von Sud über ihn ausgeschüttet wurden, wieder zurückgenommen wurde. In diesem Papier wird die Streichung des gesamten Sexualstrafrechts, also auch des § 176 StGB, gefordert, mit dem Hinweis auf die im Strafrecht ohnehin enthaltenen Normen gegen Körperverletzung, Freiheitsberaubung und Nötigung. Überdies wurde eine schärfere Sanktionierung der Anwendung und Androhung von Gewalt und des Mißbrauchs von Abhängigkeitsverhältnissen in der Sphäre der Sexualität verlangt. Zumindest einige Autoren des diesem Programmteil zugrundeliegenden Papiers hatten ein unmittelbares, von ihnen auch nicht verborgenes Interesse an solchen Forderungen, weil sie pädosexuell sind. Dadurch aber ist dieser Programmteil nicht zu diskreditieren. Die Intentionen des Papiers zielten darauf, gewaltfreie und einvernehmliche sexuelle Handlungen unabhängig vom Alter und Geschlecht der sexuell Interagierenden der Kriminalisierung zu entziehen und aufgenötigte sexuelle Handlungen, gleichfalls unabhängig vom Alter und Geschlecht, strafrechtlich zu sanktionieren. Solche Forderungen mögen parteipolitisch nicht opportun sein. Das ändert freilich nichts daran, daß sie diskussionswürdig, wenn nicht gar vernünftig sind.

13 28., 29. und 30. Sitzung des Sonderausschusses für die Strafrechtsreform: a.a.O., S. 1114.

14 Schriftlicher Bericht des Sonderausschusses für die Strafrechtsreform über den von der Bundesregierung eingebrachten Entwurf eines Vierten Gesetzes zur Reform des Strafrechts. Deutscher Bundestag, 6. Wahlperiode. Drucksache VI/3521, S. 34.

15 A.a.O., S. 34.

16 Vgl. M. C. Baurmann: Sexualität, Gewalt und psychische Folgen. Eine Längsschnittuntersuchung bei Opfern sexueller Gewalt und sexuellen Normverletzungen anhand von angezeigten Sexualkontakten. BKA-Forschungsreihe, Bd. 15. Wiesbaden 1983.

17 Der Sachverständige R. Affemann in der Anhörung des Sonderausschusses: a.a.O., S. 947.

18 N. H. Greenberg: The epidemiology of childhood abuse. Quelle z. Zt. der Drucklegung nicht wiederzufinden. E. Trube-Becker, die aggressive und gewaltlose pädosexuelle Kontakte unzulänglich auseinanderhält, vertritt eine vergleichbare Auffassung. Vgl. E. Trube-Becker: Das mißbrauchte Kind. In: Sexualmedizin, 13. Jg. 1984, S. 190–194 u. 257–259.

19 R. Lautmann: Sexualdelikte – Straftaten ohne Opfer? In: Ders.: Der Zwang zur Tugend. Die gesellschaftliche Kontrolle der Sexualitäten. Frankfurt a. M. 1984, S. 96.

20 Th. W. Adorno: Sexualtabus und Recht heute. In: Eingriffe. Neun kritische Modelle. Frankfurt a. M. 1964, S. 114.

21 Zur neueren Literatur hierzu vgl. insbesondere: L. L. Constantine: The effects of early sexual experience: A review and synthesis research. In: Ders. u. F. M. Martinson (ed.): Children and sex. New findings, new perspectives. Boston 1981, S. 217–244; U. Diesing: Psychische Folgen von Sexualdelikten bei Kindern. Eine katamnestische Untersuchung. Beiträge zur empirischen Kriminologie, Bd. 8. München 1980; M. C. Baurmann: a.a.O.

22 Vgl. M. C. Baurmann: a.a.O., S. 340.

23 E. Trube-Becker: a.a.O., S. 190.

24 E. Trube-Becker: a.a.O.

25 E. Schorsch: Die sexuellen Deviationen und sexuell motivierte Straftaten. In: U. Venzlaff: Psychiatrische Begutachtung. Ein praktisches Handbuch für Ärzte und Juristen. Stuttgart, New York 1986, S. 295.

26 Zu den strukturierten Pädosexuellen rechne ich jene, deren sexuelles Interesse ausschließlich auf Kinder gerichtet ist und deren sexuelle Orientierung ich-synton ist. Charakteristisch für sie ist ein tiefes Interesse an der Persönlichkeit der Kinder und das Bestreben, mit ihnen länger dauernde Beziehungen einzugehen.

Insbesondere die Päderasten unter den strukturierten Pädosexuellen haben in den vergangenen Jahren eine rege Publizität entfaltet, in der sie ihre Form der Sexualität erklären und verteidigen. Vom Gesamtphänomen der Pädosexualität her betrachtet hat das zu einer einseitigen „Gegenideologie" geführt, weil der weitaus überwiegende Teil der bekanntwerdenden pädosexuellen Kontakte heterosexuell ist.

27 E. Brongersma: Kindersexualität und Recht. Vortragsmanuskript, hrsg. von NARFS. Heidelberg o.J., S. 1.

28 F. Bernard: Kinderschänder? Pädophilie – von der Liebe mit Kindern. Berlin 1982, S. 116 f.

29 S. Freud: Drei Abhandlungen zur Sexualtheorie. GW, Bd. V, S. 125.

30 Man muß dieser Verballhornung der psychoanalytischen Theorie der infantilen Sexualität allerdings die in ihr enthaltenen Schwierigkeiten zugute halten. In ihr wurde der alltägliche Begriff der Sexualität so erweitert, daß er eine von diesem völlig abweichende Bedeutung bekommt. In der Beziehung zwischen Mutter und Kind wird die sexuelle Kommunikation verstanden als die Befriedigung von Bedürfnissen, was Lust bereitet, bzw. die Frustration von Bedürfnissen, was Unlust bereitet. Die Sexualität erhält eine Bedeutung, daß man sagen kann, alles an dieser Beziehung ist sexuell. Wenn aber alles sexuell ist, ist schließlich nichts mehr sexuell. Tatsächlich ist die Sexualität in der Beziehung zwischen Mutter und Kind nicht in der gleichen Weise akzentuiert, wie das bei Beziehungen unter Erwachsenen der Fall ist, die wir sexuell nennen. In Beziehungen zwischen Erwachsenen wird durchaus zwischen Situationen bzw. Objekten unterschieden, in der es zu klaren sexuellen Besetzungen kommt, und solchen Situationen bzw. Objekten, in denen desexualisierte Strebungen vorherrschend sind. Der durchschnittliche Erwachsene verhält sich dem Kind gegenüber, wie sich

174

seine Mutter ihm als Kind gegenüber verhalten hat. Er geht mit einem Kind zärtlich und erotisch um. Aus der Perspektive des durchschnittlichen Erwachsenen handelt es sich dabei um eine desexualisierte Beziehung. Aus der Perspektive des Kindes ist die Beziehung dagegen sexuell.

31 S. Ferenczi: Sprachverwirrung zwischen Erwachsenen und dem Kind. Die Sprache der Zärtlichkeit und der Leidenschaft. In: Ders.: Schriften zur Psychoanalyse II. Frankfurt a. M., S. 308.

32 E. Schorsch: a.a.O.

Menschenbild und Sexualwissenschaft

0 Erklärung der Kongregation für die Glaubenslehre zu einigen Fragen der Sexualethik. Hrsg. vom Sekretariat der Deutschen Bischofskonferenz. Bonn 1975.

1 F. Pöggeler: Der Plural der Moralen und die Normen der Sexualerziehung. In: Sexualpädagogik, Heft 2, 1977, S. 12–19.

2 G. Amendt: Die gesunde Lehre über die Geschlechtlichkeit. In: Konkret, Heft 5, 1976, S. 34–36.

3 Vgl.: Die Lehre und die Wirklichkeit. Leitartikel in: Sexualmedizin, 5. Jg., 1976, S. 196.

4 G. Schmidt u. V. Sigusch: Arbeiter-Sexualität. Eine empirische Untersuchung an jungen Industriearbeitern. Neuwied u. Berlin 1971, S. 114.

5 Vgl. V. Sigusch u. G. Schmidt: Jugendsexualität. Dokumentation einer Untersuchung. Beiträge zur Sexualforschung, Bd. 52. Stuttgart 1973.

5a Erklärung: a.a.O., S. 13.

6 A. C. Kinsey et al.: Begriff des Normalen und Abnormen im Geschlechtsverhalten. In: H. Giese (Hrsg.): Die sexuelle Perversion. Frankfurt a. M. 1967, S. 337.

7 A. C. Kinsey et al.: a.a.O.

8 V. E. v. Gebsattel: Allgemeine und medizinische Anthropologie des Geschlechtslebens. In: H. Giese (Hrsg.): Die Sexualität des Menschen. Handbuch der medizinischen Sexualforschung. 2. neubearb. u. erweit. Auflage. Stuttgart 1971, S. 3.

8a Erklärung: a.a.O., S. 7.

9 F. Nietzsche: Die Geburt der Tragödie. Versuch einer Selbstkritik. Stuttgart 1921, S. 42.

10 F. Nietzsche: a.a.O.

11 Vgl. hierzu E. Schorsch: Die Psychopathologie der Sexualität. In: H. Giese u. E. Schorsch: Zur Psychopathologie der Sexualität. Stuttgart 1973.

12 V. E. v. Gebsattel: Süchtiges Verhalten im Gebiet sexueller Verirrungen. In: Prolegomena einer medizinischen Anthropologie. Berlin, Göttingen, Heidelberg 1954, S. 164.

13 H. Kunz: Zur Theorie der Perversionen. In: Monatsschrift für Psychiatrie und Neurologie, Jg. 105, No. 1/2, 1942, S. 28.

14 K. Marx: Thesen über Feuerbach. MEW, Bd. 3, Berlin 1969, S. 6.
15 N. Elias: Über den Prozeß der Zivilisation. Soziogenetische und psychoge-
   netische Untersuchungen. Bd. 1, Bern 1969, S. 257.
16 Th. W. Adorno: Sexualtabus und Recht heute. In: Eingriffe – Neun kritische Modelle. Frankfurt a. M. 1964, S. 101.
17 Vgl. hierzu A. Gehlen: Moral und Hypermoral: Eine pluralistische Ethik.
   3. Aufl. Frankfurt a. M. 1973.
18 A. Gehlen: Der Mensch. Seine Natur und seine Stellung in der Welt.
   10. Aufl. Frankfurt a.m. 1974, S. 32.
19 A. Gehlen: Das Bild des Menschen im Lichte der modernen Anthropologie. In: Anthropologische Forschung. Reinbck 1972, S. 59.
20 H. Schelsky: Soziologie der Sexualität. Über die Beziehung zwischen Geschlecht, Moral und Gesellschaft. Hamburg 1955, S. 50.
21 H. Schelsky: a.a.O.
22 H. Schelsky: a.a.O., S. 62.

Über Therapie und Gesellschaft

1 V. Sigusch: Therapie und Politik. In: Sexualität Konkret 1980, S. 10.
2 V. Sigusch: a.a.O.
3 R. Reiche: Rezension von: G. Arentewicz u. G. Schmidt (Hrsg.): Sexuell
   gestörte Beziehungen – Konzept und Technik der Paartherapie. In: Psyche,
   Jg. 35, 1981, S. 376.
4 G. Arentewicz u. G. Schmidt (Hrsg.): Sexuell gestörte Beziehungen – Konzept und Technik der Paartherapie. Berlin, Heidelberg, New York 1980,
   S. V.
5 R. C. Cohn: Von der Psychoanalyse zur themenzentrierten Interaktion.
   Stuttgart 1976, S. 111.
6 H. Lohse u. U. Clement: Über die Ohnmacht und Macht von Therapie.
   Unveröffentlichte Diskussionsbemerkung in einem Kolloquium der Deutschen Gesellschaft für Sexualforschung. Goslar 1980.
7 Zur Kritik der Mystifikation gesellschaftlicher Verhältnisse durch den Therapismus vgl. V. Sigusch: a.a.O., S. 10 ff.
8 G. Schmidt: Vorbemerkung über Sexualität und Beziehung. In: G. Arentewicz u. G. Schmidt: Sexuell gestörte Beziehungen, a.a.O., S. 8.
9 M. Dannecker: Leidenschaft hat keinen sittlichen Ort. In diesem Band
   S. 19 ff.
10 H. Ernst: Vorwort. In: Neue Formen der Psychotherapie. Weinheim, Basel
   1980, S. 5.
11 Vgl. Th. W. Adorno: Individuum und Organisation. In: Kritik. Kleine
   Schriften zur Gesellschaft. Frankfurt a. M. 1971, S. 67 ff.
12 H. Füchtner: Rezension von: J. F. Costa: Ordem Medica e Norma Familiar.
   In: Psyche, Jg. 34, 1980, S. 862.

Bemerkungen zur Sexualerziehung

1 S. Freud: Zur sexuellen Aufklärung der Kinder. Offener Brief an Dr. M. Fürst. GW, Bd. VII, S. 26.
2 S. Freud: a.a.O., S. 27.
3 S. Freud: a.a.O., S. 21.
4 S. Freud: a.a.O., S. 26.
5 Vgl. S. Fricke et al.: Sexualerziehung in der Praxis. Ein Handbuch für Pädagogen, Berater, Eltern und andere ... Köln 1980, S. 19.
6 Vgl. E. u. Th. Smidt: Sexualerziehung in der Grundschule. Starnberg 1974, S. 8.

Thesen zur Reproduktionsmedizin

1 L. Mettler, zit. nach: Ärztin aus Leidenschaft. In: Die Zeit, 27. 9. 1985.
2 B. Möller u. E. Köhnken: Künstliche Befruchtung auch bei der Pro Familia Bremen. In: Pro Familia Magazin, Heft 3, 1985, S. 40.
3 B. Möller u. E. Köhnken: a.a.O.

Was treibt uns? Anmerkungen zur Triebtheorie

1 G. Schmidt: Motivationale Grundlagen sexuellen Verhaltens. In: Enzyklopädie der Psychologie, Bd. 2 der Serie Motivation und Emotion, hrsg. von H. Thomae. Göttingen 1983, S. 72; zur Kritik der Auffassungen von G. Schmidt vgl. V. Sigusch: Lob des Triebes. In: M. Dannecker u. V. Sigusch (Hrsg.): Sexualtheorie und Sexualpolitik. Ergebnisse einer Tagung. Beiträge zur Sexualforschung, Bd. 59. Stuttgart 1984.
2 G. Schmidt: Motivationale Grundlagen sexuellen Verhaltens, a.a.O., S. 70.
3 G. Schmidt: a.a.O., S. 71.
4 Vgl. insbesondere: S. Freud: Drei Abhandlungen zur Sexualtheorie. GW, Bd. V; ders.: Triebe und Triebschicksale. GW, Bd. X; ders.: Die endliche und die unendliche Analyse. GW. Bd. XVI.
5 S. Freud: Neue Folge der Vorlesungen zur Einführung in die Psychoanalyse. GW, Bd. XVI, S. 101.
6 S. Freud: Drei Abhandlungen zur Sexualtheorie. GW, Bd. V, S. 141.
7 S. Freud: Die endliche und die unendliche Analyse. GW, Bd. XVI, S. 71.
8 S. Freud: a.a.O., S. 70.
9 G. Schmidt: Motivationale Grundlagen sexuellen Verhaltens, a.a.O., S. 72.

Engel des Begehrens. Die Sexualität der Figuren in Hubert Fichtes
Werk

1 N. Luhmann: Liebe als Passion. Frankfurt a. M. 1982, S. 203.
2 W. v. Wangenheim: Hubert Fichte. München 1980, S. 116 f.
3 G. Bataille: Die Tränen des Eros. München 1981, S. 69.
4 Vgl. G. Bataille: Der heilige Eros. Frankfurt a. M., Berlin, Wien 1974,
  S. 252.

Sexuelle Liberalisierung und AIDS

1 U. Wolf: Das Problem des moralischen Sollens. Berlin, New York 1984,
  S. 94.
2 Vgl. G. Schmidt: Die Sexualität in den hochindustriellen Gesellschaften
  oder Wie die Welt mit „Nacktheit verkleidet" wird. In: Ders.: Das große
  Der Die Das. Über das Sexuelle. Herbstein 1986, S. 49 f.
3 G. Schmidt: a.a.O., S. 51.

Quellennachweise

„Die Ordnung des Sexuellen" wurde als Vortrag auf der 15. Wissenschaftlichen Tagung der Deutschen Gesellschaft für Sexualforschung, die vom 3. bis 5. Oktober 1985 in Hannover stattgefunden hat, gehalten und ist erschienen in „Sexualpolitische Kontroversen", hrsg. von F. Pfäfflin und E. Schorsch, Band 63 der „Beiträge zur Sexualforschung", Ferdinand Enke Verlag, Stuttgart 1987.

„Leidenschaft hat keinen sittlichen Ort", zuerst erschienen in Sexualität Konkret 1980, Neuer Konkret Verlag, Hamburg.

„Die Lust am Verbot", zuerst erschienen in Sexualität Konkret 1983, Neuer Konkret Verlag, Hamburg.

„Unsittliche Moral", erschienen in Sexualität Konkret 1984, Neuer Konkret Verlag, Hamburg.

„Sexualität im Alter", zuerst erschienen in Sexualität Konkret 1979, Neuer Konkret Verlag, Hamburg.

„Schwierigkeiten im Umgang mit dem Homosexuellen", zuerst erschienen in Sexualität Konkret 1979, Neuer Konkret Verlag, Hamburg.

„Ursachen der Homosexualität" wurde als Vortrag auf dem 6. Frankfurter Fortbildungskurs für Sexualmedizin vom 24. bis 26. 2. 1982 gehalten.

„Magnus Hirschfeld und das Jahrbuch für sexuelle Zwischenstufen", Vorwort für den 1. Band der von W. J. Schmidt editierten Auswahl des „Jahrbuchs für sexuelle Zwischenstufen", Qumran Verlag, Frankfurt a. M. und Paris 1983.

„Zur strafrechtlichen Behandung der Pädosexualität" wurde geschrieben für die Kommission zu Fragen des Sexualstrafrechts der Deutschen Gesellschaft für Sexualforschung und ist erschienen in „Sexualwissenschaft und Strafrecht", hrsg. von H. Jäger und E. Schorsch, Band 62 der „Beiträge zur Sexualforschung", Ferdinand Enke Verlag, Stuttgart 1987.

„Menschenbild und Sexualwissenschaft", zuerst erschienen in Sexualmedizin, 7. Jahrgang, 1978.

„Über Therapie und Gesellschaft", erschienen in Sexualpädagogik und Familienplanung, Heft 3, 1983.

Die „Bemerkungen zur Sexualerziehung" wurden gemacht auf dem 7. Frankfurter Fortbildungskurs für Sexualmedizin vom 16. bis 18. 2. 1983.

„Forscher als Volksbeglücker", erschienen in Literatur Konkret 1983/84, Neuer Konkret Verlag, Hamburg.

„Thesen zur Reproduktionsmedizin" wurden verfaßt für die Fortbildungsveranstaltung des Bundesverbandes der Pro Familia zum Thema am 18. 4. 1986 in Frankfurt a. M.

„Was treibt uns? Anmerkungen zur Triebtheorie" geht zurück auf eine Vorlesung, gehalten im Sommersemester 1984 am Klinikum der J. W. Goethe-Universität Frankfurt a. M.

„Engel des Begehrens. Die Sexualität der Figuren in Hubert Fichtes Werk" ist erschienen in „Der Körper und seine Sprachen", hrsg. von H.-J. Heinrichs anläßlich des fünfzigsten Geburtstages von Hubert Fichte, Qumran Verlag, Frankfurt a. M. und Paris 1984.

„Rosa wird evangelisch", erschienen in Konkret, Heft 1, Januar 1985.

„Sexuelle Liberalisierung und AIDS" basiert auf einem Vortrag, der auf dem 12th Annual Meeting of the International Academy of Sex Research vom 16. bis 20. 9. 1986 in Amsterdam gehalten wurde, und ist erschienen in Vorgänge, 26. Jg., Heft 4, 1987.